C.H.BECK ■ WISSEN

Das Buch bietet einen einführenden Überblick über die Geschichte Skandinaviens (Dänemark, Finnland, Island, Norwegen, Schweden) von den Anfängen bis ins 21. Jahrhundert. Der Norden Europas präsentiert sich als einheitlicher Sozial- und Kulturraum mit intensiven Beziehungen zu Europa und vor allem zu Deutschland. Im Vordergrund des Bandes steht die Beschreibung der wechselvollen, oft konfliktgeladenen Geschichte dieser höchst unterschiedlichen Länder.

Harm G. Schröter, Prof. Dr. phil., lehrt Geschichte an der Universität Bergen (Norwegen).

Harm G. Schröter

GESCHICHTE SKANDINAVIENS

Verlag C.H.Beck

Für meine Mutter Annemarie Schröter
sowie meinen Freund und Kollegen Carl Axel Gemzell †,
die beide mein Interesse für Geschichte und Kultur Skandinaviens
geprägt und gefördert haben

Mit 4 Karten
(auf den Seiten 127 und 128 sowie den
Umschlaginnenseiten; gefertigt von Peter Palm, Berlin)

Die erste Auflage dieses Buches erschien 2007.

2., durchgesehene und aktualisierte Auflage. 2015

Originalausgabe
© Verlag C.H.Beck oHG, München 2007
Gesamtherstellung: Druckerei C.H.Beck, Nördlingen
Umschlagentwurf: Uwe Göbel, München
Printed in Germany
ISBN 978 3 406 53622 9

www.beck.de

Inhalt

Vorwort

Hiermit lege ich eine Einführung vor, obwohl mich Experten gewarnt haben, sie zu verfassen: Die Geschichte des Nordens sei viel zu kompliziert, um sie in einem kleinen Buch darzustellen. Die Komplexität ist natürlich unbestritten, manche Dinge konnten hier nur kurz angerissen werden, und vieles fiel ganz fort. Trotzdem sollte auch solchen Lesern, die sich einführend orientieren möchten, diese Möglichkeit angeboten werden.

Einer ähnlichen Begrenzung unterliegt das Literaturverzeichnis. Es beschränkt sich auf deutsch- und englischsprachige Beiträge. Alle, die eine nordische Sprache sprechen, werden leicht die passende Literatur des jeweiligen Landes finden – doch die Gesamtschau ist auch aus dieser Perspektive selten.

Die Experten werden sich am Titel «Geschichte *Skandinaviens*» stoßen. Genau genommen zählen Dänemark, Island, Norwegen und Schweden, aber nicht Finnland, zu Skandinavien. Ich habe mich im Text an diese Definition gehalten und «Norden» geschrieben, wenn Finnland eingeschlossen ist. Aber für den Titel haben der Verlag und ich uns an den allgemeinen deutschen Sprachgebrauch gehalten, der nicht zwischen Skandinavien und Finnland differenziert, denn schließlich soll das Buch seine Käufer finden. In Berlin wird die Zusammengehörigkeit der Staaten von ihnen selbst mit dem Komplex «Nordische Botschaften Berlin» architektonisch demonstriert, in welchem die Botschaften der fünf Staaten zusammengefasst sind. Im Übrigen differenziert die angelsächsische Literatur auch nicht zwischen dem Norden und Skandinavien. Darüber hinaus halte ich mich an die deutsche Schreibweise von Monarchen, also nicht Gustav II. Adolf, wie im Norden üblich, sondern Gustav Adolf II.

Weil das Buch für den deutschsprachigen Markt konzipiert wurde, sind die Bezüge zu Deutschland betont worden. Ein polnischer Leser wird weiter gehende Wünsche haben, was die

Darstellung der Beziehungen zwischen Schweden und Polen angeht, und ein Brite wird mehr über das Verhältnis von England und Norwegen lesen wollen. Dieses Buch greift bewusst das Interesse seiner Leserschaft auf und macht gleichzeitig auf die Beziehungen zwischen den Räumen und zu unserer Zeit aufmerksam.

Im Text stelle ich sprachlich Nordeuropa bzw. Skandinavien Europa gegenüber. Natürlich ist Nordeuropa ein Teil Europas. Aus rein pragmatischen Gründen verwende ich hier bewusst eine verkürzende Terminologie. Ganz willkürlich ist diese Verwendung indessen nicht; ähnlich wie die Briten sprechen manche Norweger oder Schweden von einer Reise nach Europa, wenn sie das Meer nach Süden überqueren.

An dieser Stelle möchte ich allen Personen herzlich danken, die einzelne Kapitel oder das ganze Manuskript kritisch durchgesehen haben (alle Fehler sind natürlich allein mir anzulasten): Sverre Bagge, Ståle Dyrvik, Hans Otto Frøland, Christhard Hoffmann, Edgar Hovland, William Hubbard, Andrea Lorenz-Wende, Annemarie Schröter, Verena Schröter und Margrete Søvik.

I. Von der Steinzeit zum Mittelalter

Stein – Bronze – Eisen

Ganz Nordeuropa (inkl. Island) war während der letzten Eiszeit (18 000 v. Chr.) vergletschert. Sobald jedoch das Eis zurückwich, drangen Rentierjäger der «Hamburger Kultur» nach Jütland ein. Man darf also als Regel festhalten: Der Norden ist seit vielen tausend Jahren bevölkert. Es sind unterschiedliche Regionalkulturen bis in die entlegensten Gebiete nachweisbar; so z. B. die mittelsteinzeitliche «Komsakultur», die sich von Tromsø bis Murmansk ausbreitete. Weiter sind mehrere Einwanderungswellen festzustellen, von denen hier nur einige genannt werden: In der Jungsteinzeit drangen von Süden Träger der «Trichterbecherkultur» ein, welche einen Kulturkreis bildeten, der sich vom Oslofjord und Südschweden über den niedersächsischen Raum bis nach Polen und die Slowakei erstreckte. Die neolithische Revolution, der Übergang vom Jäger- und Sammlerdasein zum Ackerbau, vollzog sich schrittweise. Megalithgräber bezeugen kulturellen Kontakt zu England und Frankreich, sogar bis zum Mittelmeer. Gleichzeitig sind sie ein Indikator für gefestigte Gruppenstrukturen, ohne die die gewaltigen Steine nicht hätten bewegt werden können. Dagegen erstreckte sich im Osten die «kammkeramische Kultur» von Ostpolen über das Baltikum und Finnland bis nach Mittelschweden. In der jüngeren Bronzezeit kamen die «Bootaxtleute» aus dem Baltikum, sodass man über lange Zeiträume vielfältige Einwanderungen nachweisen kann. Archäologen sprechen von einem Nordeurasischen Kulturkreis, der sich von Skandinavien über Nordrussland bis nach Sibirien erstreckte. Gleichzeitig gab es viele regionale Variationen. So fand man z. B. die Luren (große, kunstvolle Blechinstrumente) nur in Dänemark. Die vielfach verschlungenen Linien und Tierfiguren sind als Grundmotiv vor allem aus dem germanischen Bereich überliefert. Wie die Stabkirchen zeigen, wurde dieser Stil bis weit in die christliche Zeit hinein gepflegt. Solche enormen Fernwirkungen gab es nicht nur in zeitlicher Dimension, sondern auch in geografischer Hinsicht. Dies weisen z. B. tönerne Hausurnen aus Etrurien (Italien) nach. D. h., der Norden war nie isoliert, wenn auch die Interaktionsdichte mit der Entlegenheit nachließ. Hier finden wir eine Grundkonstante der nordischen Geschichte; abgesehen von den Perioden der Wikingerzeit und der schwedischen Großmachtphase spielte der Norden immer eine periphere Rolle. Er hat mehr Anregungen aufgenommen, als dass er durch eigene Züge prägend auf andere einzuwirken vermochte.

Die Eisenzeit dauerte im Norden von ca. 400 v. bis 400 n. Chr. Hierfür ist die weitere Ausbreitung des Ackerbaus belegt. Schon um 100 v. Chr. waren die besten Böden in Südnorwegen, Südschweden und Dänemark dicht besiedelt, und es existierte ein lebhafter Handel mit dem Römischen Reich. In diese Zeit fällt die erste Auswanderungswelle, die Goten verließen Schweden, die Kimbern und Teutonen wanderten aus ihrer dänischen Heimat aus und bedrohten Rom. Die aus dem Wolgagebiet stammenden Finnen siedelten sich in Südfinnland an. Das germanische Siedlungsgebiet dehnte sich bis nach Nordnorwegen aus, während nach Finnland gleichzeitig eine baltische Bevölkerung vorrückte. Hier deutet sich eine zweite Konstante an: Der Norden war trotz vielfältiger Ähnlichkeiten zu keiner Zeit homogen. Ähnlich heißt eben nicht gleich, bei näherer Betrachtung treten vielfältige Differenzen zu Tage.

Zur Zeit von Christi Geburt lebte die Bevölkerung vor allem vom Ackerbau, in den höher oder nördlicher gelegenen Gebieten jedoch hauptsächlich von der Viehzucht. Jagd und vor allem Fischfang ergänzten die Nahrung regelmäßig. Während die frühere Forschung herausstellte, dass patriarchalische Familiengemeinschaften Besitzer des Bodens waren, welcher von freien Bauern, die Kriegsdienst leisteten, bearbeitet wurde, betont die neuere Forschung einen starken aristokratischen Charakter der Gesellschaft. Eine Adelsschicht hatte sich früh herausgebildet; auch wurden Sklaven gehalten. Zumindest in der Wikingerzeit bildeten die Sklaven einen verachteten Stand, obwohl infolge von Kriegen oder Überfällen durchaus Adlige unter ihnen sein konnten. Sklaven konnten freigelassen oder freigekauft werden.

Ab ca. 200 v. Chr. sind Runen als Schriftzeichen überliefert, die aber nur von wenigen Eingeweihten gelesen werden konnten. Runen konnten durchaus für magische Zwecke verwendet werden, doch repräsentierten sie selbst keine Magie, sondern eine Schriftform.

Seit dem 4. Jh. n. Chr. nahm die Siedlungsdichte v. a. in Dänemark stark zu, und ab dem 6. Jh. häufen sich Zeichen kriegerischer Auseinandersetzungen (verbrannte Gehöfte, Bau von Fluchtburgen). Gleichzeitig erfuhren die Schifffahrt und der Handel, auch mit umliegenden Völkern wie z. B. den Friesen, einen Aufschwung. So sind seit dem 6. Jh. Langschiffe in Klinkerbauweise nachgewiesen. Die allgemeine Unruhe ist als Vorstufe zur Wikingerzeit gedeutet worden. In Schweden hatten sich die Könige der Svea von Uppsala ausgehend ein Reich errichtet, das im 8. Jh. nicht nur das schwedische Kernland, sondern den Ostseehandel beherrschte.

Expansion der Wikinger:
die unorganisierte Phase (793–ca. 950)

793 begannen die Wikinger ihre berüchtigten Raubzüge mit dem Überfall auf Holy Island in Nordengland, wo sie das Kloster Lindisfarne plünderten. Seitdem suchten die «Normannen» jeden Sommer die britische Küste heim. Sie selbst bezeichneten sich als *vikíngr*, was aus dem Altnorwegischen übersetzt sowohl Gefolgschaft als auch Piraten heißt. Vielleicht wäre eine Umschreibung wie «diejenigen, die in einer an den Anführer gebundenen Gruppe auf Erwerbszug ausgehen» angemessen. Ab 799 überfielen sie auch den friesisch-sächsischen Küstenstreifen. U. a. plünderten sie 845 Hamburg, damals Sitz eines Erzbischofs. Die frühen Fahrten wurden von relativ kleinen Gruppen durchgeführt, die blitzartig erschienen und oft schon am folgenden Tag wieder abzogen. Wenn den Überfallenen tatsächlich jemand zu Hilfe kam, waren die Wikinger längst wieder fort. Räuber und Kriege hatte es schon immer gegeben, aber die Schnelligkeit der Überfälle war neu. Infolgedessen schien Flucht die einzige Option, sobald die Wikinger erschienen; Furcht und Entsetzen lähmten die Verteidigungsbereitschaft. Auf diese Weise überfielen sie während des Sommers einen küstennahen Ort nach dem anderen, während sie sich im Herbst zum Überwintern nach Hause begaben. Als Beute galten den Wikingern nicht nur Edelmetall und zu versklavende Menschen, sondern auch Gegenstände des täglichen Bedarfs: Textilien, Getreide, Mehl usw., Vieh wurde z. T. sofort geschlachtet und nur die wertvolleren Fleischteile an Bord genommen.

Die Forschung hat sich mit der Erklärung der Wikingerzüge durchaus schwergetan: Warum begannen sie, und warum hörten sie auf? Für beides ist ein Bündel von Gründen anzuführen. Bevölkerungsdruck habe die Wikinger schlichtweg zur Expansion gezwungen, lautet eine Begründung. Sie ist archäologisch durch ein starkes zahlenmäßiges Ansteigen der Wohnsiedlungen belegt. Doch waren Boden und Meer nicht mehr in der Lage, die Bevölkerung zu ernähren? Dagegen spricht Folgendes: Einer der Schrecken, den die Wikinger als Krieger verbreiteten, lag in ihrer Körperstärke und -größe. Obwohl für die Verhältnisse des 21. Jh.s nicht besonders groß, überragten sie die anderen Europäer damals oft um einen ganzen Kopf – den Überfallenen erschienen sie als Riesen. Die Körpergröße ist aber weitgehend eine Funktion der Ernährung, sodass die Körpergröße der Wikinger nicht allein genetisch, sondern auch durch eine bessere und abwechslungsreichere Ernährung erklärt wird. Bevölkerungsdruck, oder profan ausgedrückt Hunger, kann also kaum der Hauptgrund für die Wikingerzüge gewesen sein. Wichtiger sind andere Faktoren (von denen hier nur einige aufgeführt werden können): Kampf, Sieg und Beute standen gesellschaftlich in hohem Ansehen. Hierdurch konnte man viel schneller als durch Landwirtschaft oder Handel zu Geltung, Reichtum, Einfluss und Macht kommen. In Sitten und Religion existierte keine generelle Aggressionsbremse, insbesondere nicht gegen Außenstehende und Wehrlose. Die Gründe für den latenten Expansionsdrang lagen also vor allem in den äußeren Umständen, die den Weg zu Reichtum, Ruhm und Macht eröffneten oder verschlossen.

Hier bieten sich in der Tat Erklärungen an: Für ca. 300 Jahre besaßen die Wikinger einen Schiffstyp, der allen anderen überlegen war und bis heute als «Wikingerschiff» allgemein bekannt ist: das Langschiff. (Eine Abbildung ist auf der heutigen norwegischen 20-Kronen-Münze eingeprägt.) Wer kennt dagegen noch die griechisch-römische Triere bzw. Trireme, jenes Kriegsschiff, das über 1000 Jahre das Mittelmeer beherrschte? Die leicht gebauten Langschiffe konnten sich dank ihrer besonderen Klinkerbauweise – d.h., die Planken überlappten sich und wurden durch Eisennieten zusammengehalten – und oben grundsätzlich offen schwerer See flexibel anpassen. Natürlich musste bei hohem Seegang ständig geschöpft werden, doch nur ein Riff konnte solch ein Schiff zerstören. Während die Triere einen Kompromiss zwischen Schnelligkeit und Festigkeit darstellte, weil der entscheidende Angriff mit einem Rammstoß geführt wurde, war das Langschiff auf Schnelligkeit und Seetauglichkeit optimiert. Ein Nachbau erreicht 2007 eine Geschwindigkeit von 13 Knoten und war damit fast doppelt so schnell wie die «Santa Maria», mit welcher Kolumbus Amerika neu entdeckte. Bei widrigem Wind (oder auf Flüssen) konnte allein durch Rudern ein Tempo von bis 7 Knoten (knapp 13 km/h) erreicht werden. Kein anderer Schiffstyp war schneller. Es war praktisch nicht möglich, landeinwärts gelegene Städte vor einem Wikingerangriff zu warnen, weil es keine ausgebauten Straßen längs der Flüsse gab, auf denen Reiter die Städte rechtzeitig hätten erreichen können. D. h., der Überfall erfolgte, sobald man die Wikinger sah!

Ein zweiter Vorteil der Leichtbauweise lag darin, dass diese Schiffe landgängig waren. Sie konnten wegen ihres geringen Tiefgangs weit die Flüsse hinauffahren, und wo es nicht weiterging, war es möglich, sie über Land zu schleppen. Regelmäßig benutzten die Wikinger die ca. 12 km breite Landenge in Schleswig-Holstein zwischen Schlei und Treene, um von der Nord- in die Ostsee (bzw. umgekehrt) zu gelangen, sodass der lange Weg zum Skagerrak vermieden werden konnte. Die Schleppstelle zwischen der bei Riga in die Ostsee mündenden Düna und dem ins Schwarze Meer fließenden Dnjepr war weit länger und schweißtreibender, doch auch sie wurde gemeistert. Über das Schwarze Meer fahrend, versuchten die Wikinger (auch: Waräger, s. S. 14) mehrfach vergeblich, Byzanz zu erobern. Sie befuhren sogar die Wolga. 910 und 912 überfielen sie die am Kaspischen Meer gelegenen Siedlungen. Hierfür befuhren sie erst den Finnischen Meerbusen und über den Ladogasee den Wolchow nach Nowgorod. Beim heutigen Wyschni-Wolotschek gelangten sie direkt in die Wolga, auf der sie dann allerdings noch einige tausend Kilometer bis zum Schwarzen Meer zu fahren hatten. Die Wikingerschiffe waren auch hochseetüchtig und ihre Besatzungen mutig und erfahren genug, um über den Nordatlantik zu segeln. Die Wikinger besiedelten um 700 die Shetland- und um 800 die Färöerinseln, um 860 Island, um 962 Grönland, und ca. 1000 erreichten sie Amerika (Vinland). Noch ohne Kompass orientierten sich die Schiffer, wenn der Himmel bedeckt war, an der Strömung, der Farbe des Wassers, den Wellen, dem Fisch- oder Vogelzug.

Die Wikinger waren mit Speeren, Pfeil und Bogen, einem Schwert und – ein besonderes Merkmal – mit einer schweren Streitaxt bewaffnet (daher die Äxte im norwegischen Staatswappen). Als Schutz trugen sie einen Schild. Helme (grundsätzlich ohne Hörner!) sind nur wenige gefunden worden, und auch ein Körperschutz wie Kettenhemden war weitgehend unbekannt bzw. Zeichen einer späteren Entwicklung. Die Bewaffnung entsprach dem Stand der Zeit und war der der Gegner ebenbürtig. Die Frage, warum die Wikinger ihre Beutezüge begannen, lässt sich also mit der banalen Feststellung beantworten: Sie hatten schlichtweg gute Gelegenheit dazu.

Hinzu kamen die Informationen, die die Wikinger infolge ihres ausgedehnten Handels erhielten. Ihre Handelsschiffe (Knorren) waren den Langschiffen ähnlich, jedoch breiter und kürzer. Die Normannen, d. h. die westlich orientierten Wikinger, meist aus Dänemark und Norwegen, verdrängten die friesischen Händler. Die östlich orientierten Waräger aus Schweden handelten über die russischen Flüsse mit den Griechen und Arabern; auf der Insel Gotland wurden allein in einem Hortfund 40 000 arabische Silbermünzen geborgen. Die Waräger boten Pelze, Honig, Robbentran und Sklaven aus den slawischen und finnischen Gebieten an. Sie kauften Gewürze, Seidengewebe, Schmuck und gemünztes Edelmetall (Geld). Auf diese Art und Weise wurde das schwedische Birka, wie Stockholm am Mälarsee gelegen, zum Zentrum des Ost-West-Handels. Ab 900 verlagerte sich der Schwerpunkt nach Haithabu (Haddeby) an der Schlei, dem Ausgangspunkt des Handels zwischen Nord- und Ostsee. Zu diesem Zeitpunkt hatten die Waräger diesen Handelsplatz von den dänischen Normannen erobert. Um ca. 1050 versandete der Handel über Russland; gesicherte Gründe dafür können wir nicht angeben. Wahrscheinlich versiegten die arabischen Silbergruben (stattdessen begann der Silberabbau im Harz), während gleichzeitig der Zerfall des Russischen Reiches in sich bekriegende Teilfürstentümer den Transit behinderte. So waren die oft in einer kleinen Gruppe von Schiffen fahrenden Wikinger meist beides zugleich, Kaufleute, wenn das militärische Kräfteverhältnis zu ihren Ungunsten ausfiel, und Räuber im umgekehrten Fall.

Schließlich gab es besonders aus den norwegischen Gebieten eine erhebliche Auswanderung. Zuerst wurden die Shetland- sowie die Orkneyinseln und die Färöer besiedelt und danach Island und Grönland. Von diesen Gebieten konnte allein Island eine nennenswerte Anzahl an Siedlern aufnehmen, um 930 sollen es schon 30 000 gewesen sein. Die Phase der Einigung zu einem einheitlichen norwegischen Königreich löste dann im 11. Jh. eine verstärkte Aussiedlung aus, weil lokale oder regionale Herren sich nicht mit der neuen Untertänigkeit abfinden wollten. Auch viele Großbauern zogen es vor, mit ihrem gesamten Hausstand auszuwandern. Andere sahen hierdurch für sich die Möglichkeit, einer Strafe seitens der Zentralmacht oder einer mächtigen Familie, der man Schaden zugefügt hatte, zu entgehen.

Konsolidierung der Wikingerherrschaft: die organisierte Phase (ca. 950–1066)

Ab 840 begannen dänische Wikinger zuerst in England, dann in Nordfrankreich in sehr großen Gruppen zu überwintern. Sie zogen sich nicht mehr sofort nach einem Überfall zurück, sondern bezogen feste Lager. Zwar waren sie dort angreifbar, doch allein ihre Anzahl war furchteinflößend. Sie waren gekommen, um zu bleiben, und besetzten Nordostengland in einem Streifen, der südlich von der Linie London – Liverpool und im Norden durch Schottland begrenzt war. Dieses Gebiet wurde infolgedessen als Danelag, die Region dänischen Rechts, bezeichnet. Die norwegischen Wikinger besiedelten die westlich vor Schottland liegenden Inseln und Teile der Küstenstreifen von Irland, England und Wales. Solches Verhalten war nur unter einer gemeinsamen Führung denkbar, und es gab in der Tat in dieser Zeit Versuche, in Norwegen und Dänemark einheitliche Reiche zu schaffen. Hierbei wurden große Heere gegeneinandergeführt, aber auch Eroberungszüge organisiert. Die Wikinger plünderten viele große Städte: Köln, Dorstadt, Paris, auch spanische und portugiesische Siedlungen sowie Städte an der französischen und italienischen Mittelmeerküste (Arles, Pisa). Um einer Plünderung zu entgehen, zahlten die Städte das sog. Danegeld. Nachdem die Normannen, diesmal unter ihrem Anführer Rollo, erneut Paris geplündert hatten, drehte der westfränkische König Karl der Einfältige das Verhältnis um: Für das Versprechen, Paris gegen weitere Überfälle zu verteidigen, erhielt Rollo 911 die Gegend, welche heute Normandie heißt, zugewiesen und wurde französischer Vasall. Diese Normannen eroberten 1066 England, wovon der zeitgenössische «Teppich» von Bayeux Zeugnis gibt. Auch in Italien konnten die Wikinger zeitweilig ein eigenes Reich errichten, indem sie die Byzantiner aus Süditalien und die Araber aus Sizilien verdrängten. Hier akzeptierten sie den Papst als Lehnsherrn. Schwedische Wikinger besiedelten den südwestlichen Küstenstreifen Finnlands und etablierten eine Herrschaft, die erst in den Napoleonischen Kriegen beendet werden sollte. Im Osten wurde der Waräger Rurik zum Stammvater der Dynastie, welche Russland bis ins 16. Jh. regierte.

Auch in den Heimatgebieten wurde die Reichssammlung vorangetrieben. Dem dänischen König Gorm dem Alten gelang es, den schwedischen Wikingern die Handelsmetropole Haithabu zu entreißen. Während der 50-jährigen Regierungszeit seines Sohnes Harald Blauzahn (935–985) festigte sich die Königsmacht. Er konnte sich ab 970 auch in Norwegen durchsetzen. Schon bevor er starb, vertrieb ihn sein Sohn Sven Gabelbart, der anschließend die Normannen in England angriff. Dessen Sohn Knut der Große (1016–1035) herrschte dann über England und Dänemark und konnte 1028 auch noch Norwegen hinzugewinnen. England ging zwar verloren, jedoch erreichte Dänemark am Ende des 12. Jh.s eine Großmachtstellung. Es beherrschte neben Norwegen und dem heutigen Südschweden (Schonen, Halland, Blekinge) fast die gesamte südliche Ostseeküste, einschließlich Lettland und Estland. Der Aufstieg Dänemarks wurde erst durch die Schlacht bei Bornhöved gebrochen, in welcher 1227 die norddeutschen Fürsten und die Stadt Lübeck König Waldemar mit dem Zunamen der *Sieger* schlugen.

In Norwegen vermochte erstmals Harald Schönhaar (Hårfagre) seine Macht über ganz Norwegen auszudehnen; als Datum wird die Schlacht 872 am Hafrsfjord genannt. Hier sind jedoch Abstriche zu machen, die auch für die anderen Reichsgründungen gelten: Die Herrschaft wurde nicht über ein Land, sondern über die Menschen errichtet. Die Mittel hierfür waren Zwang oder Geschenke. Das Annehmen einer substanziellen Gabe verpflichtete den Empfänger zur Treue gegenüber dem Geber. In Harald Schönhaars Reich herrschte wohl zu keinem Zeitpunkt innerer Friede. Schließlich bestand «Norwegen» damals praktisch nur aus einem Küstenstreifen. Sein «Reich» zerfiel aber schon bei seinem Tode. Zwar hatte er seinen Sohn Erik zum Nachfolger aufgebaut, welcher sich seinen Beinamen «Blutaxt» dadurch erwarb, dass er die meisten seiner Brüder und Miterben erschlug. Trotzdem konnte er sich nur im Vestland (Südwestküste) durchsetzen. Als dann sein jüngerer Bruder Håkon aus England erschien, musste er fliehen und wurde schließlich seinerseits im englischen Danelag erschlagen. Ähnliche Kämpfe führten in den folgenden Jahrzehnten dazu, dass die dänischen Könige ihren Einfluss auf Norwegen ausdehnen konnten. Unter Olav Tryggvason hatten die Norweger noch einmal für fünf Jahre einen der Ihrigen auf dem Thron, jedoch kam er in einer Schlacht gegen die vereinigte schwedisch-dänische Flotte im Jahre 1000 um. Man kann zu dieser Zeit aber nicht von Nationen sprechen, sondern die verwandtschaftlichen Beziehungen zwischen den Normannen in Dänemark, Norwegen und England waren die entscheidende Größe. Eine endgültige Reichseinigung Norwegens wurde erst durch Harald den Harten (Hardråde, 1047–1066) erreicht. Zuvor hatte er fliehen müssen, diente dem Kaiser in Byzanz, heiratete eine russische Prinzessin und konnte erst durch ein Bündnis mit dem dänischen König seinen Anspruch in Norwegen durchsetzen. Um seinen Anspruch auf die englische Krone durchzusetzen, landete er auf der Insel, fiel dort aber in der Schlacht von Stamford 1066, welche der von Hastings unmittelbar vorausging. Seinen Beinamen hatte er sich durch die harte und ungerechte Behandlung seiner Untertanen verdient.

Der Alltag der Wikinger war weniger spektakulär. Sie bauten Getreide an, u. a. Weizen, aus dem Fladen gebacken wurden. Sie aßen Gerste, Hafer, Kohl, Zwiebeln, Erbsen, Knoblauch, viele wilde Früchte: Äpfel, Pflaumen, Himbeeren, Brombeeren, Haselnüsse, Pilze usw. Aus Trinkhörnern tranken sie Bier; zu besonderen Gelegenheiten gab es Met. Die Familie stellte weiterhin die entscheidende soziale und ökonomische Einheit dar. Männer wie Frauen trugen Schmuck. Der arabische Kaufmann Ibn Fadlan berichtete, dass für jeweils 10 000 Dirhem, die ein Wikinger Kaufmann ungefähr pro Jahr verdiente, ihre Frauen einen goldenen Ring bekämen und dass er viele solcher Ringe gesehen habe. Gleichzeitig bezeichnete er die Wikinger als die schmutzigsten aller Kreaturen, denn sie benützten alle dasselbe Wasser aus einer Schüssel. Dagegen berichtet eine englische Quelle, dass die Wikinger den Britinnen die Köpfe verdrehten, weil sie sich so gut pflegten. In der Tat hat man viele Kämme gefunden, und es war Brauch, sich wöchentlich zu reinigen. Der *laurdag/ laugardagur/lørdag/lördag* war als Waschtag bestimmt.

Der Thing (Ding, Ting), die Versammlung aller freien Männer mit gleichem Stimmrecht, spielte politisch weiterhin eine Rolle. Seine Entscheidungen konnten, besonders als die Zentralmacht noch nicht gefestigt war, auch gegen den König ausfallen. Island behielt seine alte Verfassung ohne einen König. Allerdings konnte 1262 der norwegische König seine Oberhoheit auf Island ausdehnen. Abgesehen von Island hielt sich die Gruppe der Wehrbauern besonders lange in Norwegen. In Dänemark und Südschweden konnten sich die Ritter Boden aneignen, den sie anschließend verpachteten. Eine Leibeigenschaft wie in Deutschland hat sich jedoch nirgends durchgesetzt.

Wie das Ende der Wikingerzeit exakt zu datieren sei, ist umstritten. Um 1000 begann die Christianisierung, die ein mögliches Datum darstellt. 1066, der Zusammenbruch des englischen Wikingerreiches unter dem Ansturm eines französischen Vasallen, kann ebenso angeführt werden. Im selben Jahr zerstörten die Slawen Haithabu, die größte Handelsstadt des Nordens; sie wurde nicht wieder aufgebaut. Die Mitte des 11. Jh.s darf man somit als das Ende der Wikingerzeit ansetzen.

Die gefürchteten Überfälle hatten längst aufgehört und waren durch herkömmliche Kriegszüge der Könige ersetzt worden. Die Reichssammlungen und die organisierte Phase der Expansion führten zu Strukturen und Verhältnissen, wie sie in den anderen Teilen Europas schon gegeben waren. Was ist die Bilanz dieser Zeit der Expansion? Europa war damals vor allem eine Wertegemeinschaft mit ähnlicher religiöser, politischer und rechtlicher Ordnung. Hier fügte sich der Norden ein. Island überlieferte die Sagas der vorchristlichen Zeit (z. B. Snorri Sturluson, 1179–1241) als eine Reflexion der Vergangenheit. Die schwedischen Kreuz- und Eroberungszüge gegen die finnische Bevölkerung hielten bis Mitte des 13. Jh.s an. Danach entstand der Jahrhunderte andauernde Gegensatz zu Russland. Das Wikingerschiff, welches der Expansion die materielle Basis gegeben hatte, wurde durch die tragfähigere Hansekogge abgelöst.

Alter und neuer Glaube

Vorchristliche religiöse Vorstellungen sind seit ca. 2000 v. Chr., d. h. seit der Bronzezeit, nachweisbar; schriftliche Aufzeichnungen liegen aber erst seit christlicher Zeit vor. Im Folgenden sei deshalb die Vorstellungswelt geschildert, mit der die Missionare konfrontiert waren, d. h. ihr letzter Entwicklungsstand. Selbstverständlich existierten auch hier regionale Variationen. Grabbeigaben belegen, dass man sich schon frühzeitig ein Leben nach dem Tode in einer anderen Welt vorstellte.

Die germanische Götterwelt hat nicht nur in unseren Wochentagsnamen (s. S. 21 f.), sondern auch in Literatur (u. a. Tolkien, Rowling) und Oper (u. a. Wagner) ihren Nachklang gefunden. Sie wird in Skandinavien auch weiterhin reflektiert (z. B. Schiffsnamen, Ölfelder). Es ist interessant, ihr ein wenig nachzuspüren.

Götter wie Menschen existierten nicht einfach auf der Erde, sondern das Weltengefüge wurde durch die Weltesche Yggdrasil repräsentiert. Diese teilte sich in drei Reiche, die jeweils drei Wohngegenden umfassten. Die Unterwelt befand sich im Erdreich, hier war Hel oder Niflhel (Nebelhöhle, Nebelhölle), eine kalte und dunkle Gegend, in der die Göttin Hel alle nicht im Kampf gefallenen Menschen sammelte. Ebenfalls im Erdreich befanden sich die Gegenden der Frostriesen (der Jöten, daher Jötunheim), der Zwerge und der Dunkelelfen. Die Jöten (Riesen) waren den Göttern generell feindlich gesinnt und sollten sie in der Weltuntergangsschlacht bekriegen. In den unteren Zweigen der Weltenesche befand sich u. a. die Mittelerde, in welcher die Menschen lebten, während in der Baumspitze die Lichtelfen sowie die Götter der Wanen und die Asen – Letztere zuoberst, in Asgard – wohnten. Es ist leicht nachvollziehbar, dass die Germanen besonders große und alte Bäume als Symbol für Yggdrasil und damit für ihre ganze religiöse Welt verehrten.

Wie in der griechischen Mythologie sind die Götter mit widersprüchlichen und menschlichen Charakteristika geschildert. In vielen Zügen erkennt man Abstraktionen eines familienorientierten freien Bauerntums und des Wunsches nach einer kriegerischen und aristokratischen Lebensweise des Kämpfens und Feierns. Allen Göttern waren Eigenarten und unterschiedliche Zuständigkeitsbereiche zugeordnet. Die obersten Götter waren die Asen, die in dem kriegerischen Odin (Wotan) ihren Anführer und Stammvater hatten. Ihn zeichneten Weisheit und magische Kräfte aus. Er hatte dem Jöten Mime eines seiner Augen gegeben, um aus dem Brunnen der Weisheit trinken zu können. Damit hatte er ein körperliches Auge gegen ein geistig-zauberisches getauscht. Auch seine magische Runenkunde erwarb er von Mime. Auf der Suche nach Erkenntnis streifte er ruhelos auf seinem achtbeinigen (und infolgedessen unglaublich schnellen) Pferd Sleipnir umher. Gleichzeitig sandte er seine gefiederten Begleiter, die Raben Hugin (der Gedanke) und Munin (die Erinnerung), zur Erkundung. Zusammen mit seinen härenen Begleitern, den Wölfen Geri (der Gierige) und Freki (der Gefräßige), stiftete er unter den Menschen Krieg, wo immer er konnte, um Helden für die Weltuntergangsschlacht (Ragnarök, s. S. 22) zu rekrutieren. Seine Frau Frigg, einerseits nett und lieb, schützte Haushalt und Ehe und verhalf zu Kindersegen; andererseits teilte sie die Rastlosigkeit ihres Mannes: Sie beobachtete alles! Auch sie griff direkt in das Leben der Menschen ein und belohnte als Frau Holle (Holda/Freke/Berchta) die Fleißigen, während sie die Faulen strafte. Der kraftstrotzende, rothaarige Donnerer Thor (auch Donar, daher Donnerstag) war aufbrausend und brachte Regen. Er stand als der Gutmütige, wenn auch manchmal Begriffsstutzige, und als Beschützer der Bauern den Menschen näher. Als Gebieter über die Winde wurde er auch von Seefahrern angerufen. Derbe und groteske Schwänke waren über ihn im Umlauf. In einer Trinkwette mit Utgardloki, dem Anführer der Jöten, erzeugte er Ebbe und Flut, denn Utgardloki hatte mit Hilfe seiner Zauberkunst das Ende von Thors Trinkhorn mit dem Meer verbunden. Das ganze Meer vollständig leer zu schlucken vermochte trotz äußersten Bemühens selbst der in dieser Hinsicht gut geübte Thor nicht. Seitdem also haben wir die Tide. Welch ein Kerl! Seine spezielle Waffe war der gewaltige Hammer Mjöllnir, der, nach unfehlbarem Treffen, wie ein Bumerang in seine Hand zum nächsten Wurf zurückkehrte. Mjöllnir war von den Zwergen Sindri und Brokrr geschmiedet worden, die in der Unterwelt wohnten. Auch hier ergab sich also eine enge Beziehung zwischen Ober- und Untererde. Archäologische Quellen zeigen, dass Thor weit öfter als die anderen Götter, auch Odin, verehrt wurde. Krieg stiftend, schnüffelnd, zaubernd und sich verstellend erschien der oberste Gott nicht sehr sympathisch. Da stand der ebenso mächtige wie menschliche Thor dem Einzelnen schon näher. In Schmuckform trugen viele Germanen seinen Hammer um den Hals.

Der Name Dienstag (*tirsdag*) geht auf Tyr, den Kriegsgott, zurück. Der mächtigste Kämpfer der Asengötter opferte seinen Unterarm, um den entsetzlichen Fenriswolf, der im Ragnarök sogar Odin verschlingt, fesseln zu können. Um den ständig wachsenden Fenriswolf unter Kontrolle zu halten, hatten ihn die Götter nach Asgard gebracht. Doch hier zerbiss er flugs die ihm angelegten gewaltigen Ketten. Misstrauisch ließ er sich nur einen unscheinbaren Faden anlegen, nachdem Tyr ihm seinen Arm als Pfand in den Rachen gelegt hatte. Der Faden war jedoch von unterirdischen Zwergen mit magischen Kräften angefertigt, geschmiedet aus Dingen, die es nicht gibt: dem Atem der Fische, dem Speichel der Vögel, dem Geräusch eines Katzentritts, den

Bärten der Frauen, der Sehnsucht der Bären und den Wurzeln der Berge. So blieb der Fenriswolf bis zum Ragnarök gefesselt. Außer sich vor Wut biss er Tyrs Arm ab, dieser war seitdem einarmig. Dass die anderen Götter sich über Tyr lustig machten, zeigt die Relativität menschlicher Existenz und die Fragilität unbedingten Gehorsams und unbedingten Glaubens. Schon hier waren Glaubensbrüche angelegt: Tyr litt, weil er sich opferwillig für andere engagierte und überdurchschnittlichen Mut bewies. Die Konsequenz war einerseits Ehre, aber andererseits auch Spott.

In der Weltenesche, im Stockwerk gleich unter der Familie der Asen-Götter, wohnte die Familie der Wanen-Götter. Sie geht auf Njörd, den Gott des Meeres und der Fruchtbarkeit, zurück. Seine Kinder waren Freir, der Gott des Friedens und der Fruchtbarkeit, und Freya. Freya (daher Freitag) war nicht nur die Göttin der Liebe, Schönheit und Fruchtbarkeit, sondern verfügte auch über magische Fähigkeiten. Gleichzeitig war sie die Anführerin der Walküren. Mutige erschlagene Krieger wurden von den Walküren nach Walhalla geleitet. Dort konnten sie sich jeden Tag nach Herzenslust vollsaufen und -fressen sowie sich totschlagen (lassen), denn jeden Abend fanden sie sich für ein erneutes Fest vollständig wiederhergestellt. – All dies erschien einer (männlich-)kriegerischen und latent vom Hungertod bedrohten Gesellschaft als absolut paradiesischer Zustand! Was wollte (Ger-)man(n) mehr? Wenn auch das Leben nach dem Tode sich nicht als ewig oder liebevoll vorstellen ließ – Walhalla war doch besser als die Nebelhölle der Hel. Man(n) sah es als ein Unheil, im Bett zu sterben, und Frauen zählten ohnehin nicht.

Auch das Leben der Götter war in heidnischer Vorstellungswelt nicht ewig; im Ragnarök, dem «Götterverhängnis» (fälschlich mit «Götterdämmerung» übersetzt), gehen sie mit den in Walhalla versammelten Helden der Einherier im gemeinsamen Kampf gegen Dämonen und Jöten zugrunde.

Jeder Mensch hatte persönliche Folgegeister sowie einen Lebensfaden, dessen Länge von den drei Nornen willkürlich bestimmt wurde. Wie in fast allen vorchristlichen Religionen wurden den Göttern Gegenstände und Lebewesen geopfert, in einigen Fällen auch Menschen. Hierfür gab es keine Gebäude, sondern heilige Haine (Waldstücke), manchmal mit einem Altar. Opferriten waren an die Götter gerichtet, gleichzeitig aber auch ein soziales Ereignis, in dem Gruppengemeinschaft als heiliges Trinkgelage praktiziert wurde. Auch hier gibt es noch sprachliche Verbindungen, wenngleich sie selten als solche erkannt werden: *Øl* heißt bekanntlich Bier; es hat aber im Norwegischen auch eine darüber hinausgehende Bedeutung. So beginnt das Leben mit einem Fest, auf welchem das *Barnøl* (Kindsbier) gereicht wird. *Brudeøl* markiert die Hochzeit, *Festensøl* weitere Feste, während am *Gravøl* oder *Arveøl* (Grab- bzw. Erbenbier) die zu feiernde Person nicht mehr (aktiv) teilnimmt. Die moderne Soziologie hat das gemeinsame (körperliche) Arbeiten, Essen und Singen als gruppenkonstituierenden Prozess erkannt und beschrieben. Dies hat (Nor-)man(n), wenn auch in völliger Unkenntnis wissenschaftlicher Theorien, seit Jahrhunderten im Norden praktiziert.

Die Christianisierung erfolgte von oben und teilweise mit Zwang. Harald Blauzahn war der erste christliche König im Norden, er ließ sich 960 taufen. Olav Tryggvason konvertierte kurz vor der Jahrtausendwende, während Olaf Schoßkönig aus Schweden sich 1008 taufen ließ. In Island dagegen beschloss der Althingi im Jahre 1000 die Einführung des Christentums. Generell dauerte es natürlich Jahrzehnte, bis es sich durchgesetzt hatte. Mächtige Lokalherren wollten weder Gott noch König untertan sein. Die Könige versuchten, die Kirche und ihre sehr schnell auch zu weltlicher Macht kommenden Bischöfe zur Stärkung ihrer Zentralgewalt einzusetzen. Selbst wenn dies nicht gelang, relativierte die Existenz der Kirche doch in jedem Fall die Bedeutung der weiterhin existierenden demokratischen Regeln und des Things, denn die Kirche war nicht nur eine Institution des Glaubens, sondern gleichzeitig ein neues Ordnungselement im täglichen Leben. Auch künstlerisch wurden die Formen und Ausdrucksweisen übernommen, die sich in Zentral- und Südeuropa entwickelt hatten. Die berühmten hölzernen Stabkirchen sind dagegen als eigenständige sakrale Kunstform entwickelt worden.

2. Mittelalter – Aufstieg und Fall
der Großmacht Dänemark

Am Ende der Wikingerzeit zeigte sich Skandinavien als politisch rückständig, denn es dauerte lange, bis sich unter einem König eine Zentralmacht gegen regionale Magnaten durchsetzen konnte. Am weitesten war Dänemark gediehen, welches schon zur Wikingerzeit den Schwerpunkt des Nordens repräsentierte. Südschweden war Teil des dänischen Reiches. König Svend Estridsøn (1047–1074) festigte die dänische Zentralmacht. Er prägte regelmäßig Geld und ersetzte systematisch die bisher meist aus England stammenden Kleriker und Beamten durch Einheimische. Sein Nachfolger erwog als Letzter eine Landung in England, um das Reich Knuts des Großen zu erneuern. König Nils (1104–1034) gelang es, Dänemark von der Erzdiözese Bremen und damit von der deutschen Kirche zu lösen und Lund als Sitz eines Erzbischofs direkt Rom zu unterstellen. Der Erfolg erwies sich jedoch als zweischneidig, denn die Erzbischöfe von Lund stellten sich mehrfach an die Spitze mächtiger Familien, um die Königsmacht zurückzudrängen. Auch konnten die Kirchenorganisationen in Norwegen und Schweden sich bald von Lund lösen und ebenfalls dem römischen Papst direkt unterstellen (1153 bzw. 1164). Waldemar der Große (1157–1182) unternahm die ersten beiden Schritte in eine Richtung, die die Außenpolitik Dänemarks bestimmen sollte: Durch den Bau einer Burg kontrollierte er den Ostseeausgang Großer Belt, und 1169 eroberte er Rügen. Hier zeichneten sich schon zukünftige Entwicklungen ab. Mehrere Jahrhunderte ging es darum, wer seinen Herrschaftsanspruch über die Ostsee durchsetzen konnte: Dänemark, die Hanse oder Schweden.

In Norwegen war die Zentralmacht noch schwächer. Zwar

anerkannten die Bewohner theoretisch ein einheitliches Reich mit einem König, es kam jedoch mehrfach zu Machtkämpfen. 1130 bis 1240 gilt als die Zeit der Bürgerkriege. Sie gipfelten im Aufstand der als «Birkebeiner» (weil sie, in die Wälder getrieben, sich die Unterschenkel mit Birkenrinde schützten) verspotteten Bauern und Räuber. Ein abtrünniger Kleriker, Sverre Sigurdsson, stieß zu ihnen und wurde ihr Anführer. Durch neue Kampftaktiken gelang es ihm, alle Widersacher zu besiegen und sich als König zu etablieren. Doch erst seinem Enkel Håkon Håkonson gelang es 1217, das ganze Land unter seine Kontrolle zu bekommen. In seiner Kindheit erfolgte ein ähnlicher Aufstand, die Baglerkriege – diesmal gegen die Birkebeiner. Die Kirchenfraktion der Bagler (von *bagall,* «Bischofsstab») hätten sich beinahe des kleinen Håkon bemächtigt, doch retteten zwei besonders gute Schifahrer der Birkebeiner das Königskind. Die Episode wurde im 19. Jh. zum Nationalmythos und wird heute durch die beliebten, alljährlichen Birkebeiner-Wettkämpfe im Ausdauersport gefeiert.

In Schweden gelang es im 12. Jh. nur formal, eine Zentralherrschaft durchzusetzen. Zwei Dynastien wechselten einander ab, aber bestimmend waren weiterhin große Familien, die den Thing und durch ihn den König beherrschten. Entscheidend für die Festigung der Zentralgewalt war die Herrschaft Birger Jarls (1250–1266). Er eroberte Finnland, begann den Bau der Kathedrale in Uppsala und gründete Stockholm. Sein Sohn wurde König und festigte die Verwaltung durch die Einrichtung von Lehen, deren Macht symbolisch durch den Bau eines Steinhauses hervorgehoben wurde. Auch Schweden bewegte sich damit in Richtung eines Feudalstaates. Ab 1362 erhielten die Vertreter Finnlands das Recht, an der Wahl des schwedischen Königs teilzunehmen.

Für einen entwickelten Feudalstaat fehlten allen drei Reichen die abhängigen Bauern. Zum ausgehenden Mittelalter war die Mehrzahl der Bauern in Dänemark und Norwegen zu Pächtern abgesunken. Dagegen blieb das selbständige Bauerntum in Schweden immer in der Mehrheit. Frei waren alle Bauern in Skandinavien, Leibeigenschaft hat es praktisch nicht gegeben, wohl aber vielfältige Variationen der Einschränkung von Freiheit.

Dänemark geriet in der ersten Hälfte des 14. Jh.s in Erbfolgekriege, die das Land lähmten. Ab 1332 blieb das Land ohne König. Der Graf von Holstein hatte so viel Geld an die Könige ausgeliehen, dass er auf der Grundlage der ihm als Pfand im ganzen Land überlassenen Burgen faktisch regieren konnte. Er festigte besonders die Beziehungen zwischen Holstein und Sønderjylland (Schleswig). Erst Waldemar IV. «Atterdag» (1340–1375, der Beiname bedeutet frei übersetzt: «In was für Zeiten leben wir!») gelang es, den Bann zu brechen und Dänemarks Großmachtanspruch wiederherzustellen. Durch den Verkauf Estlands an den Deutschen Orden konnte er Pfänder einlösen. Im Landfrieden von 1360 söhnte er sich mit seinen Gegnern aus. Das machte ihm den Rücken frei, um im kommenden Jahr Schonen wieder in Besitz zu nehmen und 1362 sogar die Hansestadt Visby zu erobern. Die Hanse hatte ihn anfangs unterstützt, weil das Chaos im Lande dem Handel abträglich war. Doch nach der Eroberung Visbys kam es zu Kriegen, in denen die Hanse vom schwedischen König unterstützt wurde. Den ersten gewann Waldemar, den zweiten die Hanse. Im Frieden von Stralsund musste Dänemark 1370 die alten Privilegien der Hanse bestätigen, Reparationen zahlen und Visby räumen. Trotzdem war mit Waldemar Atterdag die Vormachtstellung Dänemarks wiederhergestellt.

Das Werden dreier Staaten: die Macht der Symbole

Da es in Skandinavien keine verlässlichen Staatsstrukturen (etablierte Verwaltung, staatstragende ideologische Absicherung usw.) gab, kam es auf die Person des Herrschers an. An ihn und nicht an den Staat fühlten sich die Abhängigen durch gegenseitige Treueverpflichtung gebunden. Bei Verletzung dieser Treuepflicht galt das Bündnis als erloschen. Noch stärker band ein geschworener Treueid. Das ist der Grund, weshalb die Könige auf ihn besonderen Wert legten und die Magnaten ihn nur ungern, meist gezwungen, leisteten. Treue war personengebunden und endete mit dem Tode einer Seite. Treue zum König

hieß nicht unbedingt Treue zur Dynastie oder gar zum Hofe.
D. h., ein Staat nach heutigen Vorstellungen existierte nicht. Wie
in Deutschland wurden die Könige in Dänemark und Schweden
gewählt, während in Norwegen die Königswürde erblich war.
Auch wenn die Königssöhne die besten Chancen hatten, gewählt zu werden, erinnerte dieser Akt daran, dass der jeweilige
Monarch an die Zustimmung der Magnaten gebunden war. Gegen Mitte des 13. Jh.s versuchten die Herrscher die Zentralmacht zu stärken, indem sie ein von Gott gegebenes Königtum
propagierten. Nach dieser Auffassung stellten sich alle, die den
König kritisierten, indirekt gegen Gott. Dieses neue Verständnis
von Königsmacht wurde von der Kirche grundsätzlich unterstützt, denn es machte den Monarchen strukturell von der Kirche abhängig. Die Verknüpfung war logisch: Wenn es Zeichen
gab, dass sich der König gegen Gott versündigt hatte, konnte
er nicht mehr dessen Willen repräsentieren und musste infolgedessen zurücktreten. Wer aber könnte Gottes Zeichen besser
deuten als die Kirche? Obwohl ein entsprechendes gottgefälli-
ges Leben nicht immer nachweisbar war, gelang es schließlich,
jeweils einen toten König des Landes heiligzusprechen: in Norwegen St. Olav († 1030), in Dänemark St. Knud († 1080), in
Schweden St. Erik († 1160). Nach St. Olav ist heute der wichtigste norwegische Orden benannt. Die Verknüpfung von Heili-
gen und Königtum stärkte natürlich erneut die Zentralmacht.

Um die Gottesbeziehung hervorzuheben, begannen die Könige, sich nach europäischem Brauch krönen zu lassen. Die erste
Krönung erfolgte in Norwegen 1163/64, in Dänemark 1170
und in Schweden 1210. Ab Mitte des 13. Jh.s wurden dann auch
die Königinnen zeremoniell gekrönt, womit der dynastische
Charakter hervortrat. Die Königsfamilien begannen untereinander zu heiraten, um den Abstand zum ungekrönten Adel hervorzuheben. Die Könige benutzten die verschiedensten Instrumente, um ihre herausgehobene Stellung zu dokumentieren.
König Håkon V. «Hochbein» (1299–1319), der den Höhepunkt
der norwegischen Königsmacht repräsentierte, verbot sogar das
Tragen neumodischer Kleidung, solange er sie nicht selbst eingeführt hatte – nur der König durfte als Trendsetter auftreten.

Mittelalterliche Könige hatten ein persönliches Banner als Kennzeichen, doch die Länder verfügten über keine Symbole. Dänemark war eines der ersten, das eine Nationalfahne neben dem Königsbanner bekam. Der Sage nach senkte sie sich 1219 vom Himmel, als das dänische Eroberungskorps in Estland von heidnischen Esten bedrängt wurde. Ist es ein Zufall, dass das dänische weiße Kreuz auf rotem Grund eine Umkehr der Fahne des Schwertbrüderordens (rotes Kreuz auf weißem Grund) war, der zur gleichen Zeit die Esten bekriegte? Jedenfalls symbolisiert der *Danebrog* das Land und wurde so über das Königtum hinaus zu einer Klammer der Integration. Die anderen Nationalfahnen entstanden in ihrer heutigen Gestalt erst im 19. und 20. Jh.

Es gelang den Herrschern, regelmäßige Steuerzahlungen durchzusetzen, sie prägten Münzen und errichteten feste Burgen. Der Zufluss von Edelmetallen begünstigte das Entstehen der Geldwirtschaft, die Arbeitsteilung konnte voranschreiten und damit die Entwicklung zu höheren Wirtschaftsformen. Bis zum 13. Jh. konnte der Norden sogar eine Brückenfunktion zwischen Ost und West einnehmen, die sich besonders in dynastischen Verbindungen zeigte.

Ebenso stärkte die Kodifizierung des Rechts das Königtum. Auch damit war Skandinavien entwicklungsmäßig in Europa angekommen. Der deutsche Sachsenspiegel entstand 1224, das jütländische Recht wurde 1241 kodifiziert, das norwegische Landrecht 1274/76 und das des schwedischen Kerngebietes Uppland 1296. In Norwegen propagierte der «Königsspiegel» um 1250 die neuen Würden des Monarchen. Die Kodifizierung lag sowohl im Interesse des Adels als auch des Königs. Der König konnte jetzt Ansprüche der Kirche, die oft auf lateinischem Recht basierten, besser abwehren. Der Adel wiederum konnte seine Rechte gegenüber dem König sichern. Diese weitete er systematisch aus. Vor jeder Wahl musste der König eine Kapitulation oder «Handfeste» unterzeichnen. Die 1282 dem dänischen König abgerungene Handfeste ist der englischen Magna Charta vergleichbar. Das Instrument der Wahlkapitulationen konnte der Adel später auch in Schweden durchsetzen. Es bildete bis zum Absolutismus die Grundlage für die Beschränkung der Königsmacht. Die dänischen Magnaten konnten den *Danehof*, eine jährliche Versammlung der weltlichen und geistlichen Granden, etablieren, die die höchste gesetzgebende und juristische Instanz des Landes darstellte. Hieraus entstand im Laufe der Zeit der Reichsrat. In Norwegen hatte sich König Magnus VI. «Lagabøte» («Gesetzverbesserer», 1263–1280) mit den Kodifizierungen (Land-, Stadt-, Adels-, Kirchenrecht) einen Namen gemacht. Er errichtete auch den Diplomatischen Dienst als eigene Institution.

Es ist sicher kein Zufall, dass in Island, wo es keinen König gab, sondern der Thing entschied, ebenfalls zu dieser Zeit die Königssagen verfasst wurden. Sie betonten alle die Königsrolle als die eines Primus inter Pares. Obwohl sie den politischen Freiheitswillen der Isländer unterstrichen, musste das Land die Oberhoheit des norwegischen Königs 1262 anerkennen. Es war durch einen Bürgerkrieg geschwächt und konnte ohne Getreideimport nicht überleben. Die Isländer anerkannten den norwegischen König unter der Voraussetzung, dass er alle isländischen Gesetze, d. h. auch die Thing-Verfassung, respektierte und die Insel mit genügend Getreide versorgte. Aus ihrer Sicht handelte es sich eher um einen Vertrag als um eine Unterwerfung.

Das relativ gut aufgestellte norwegische Königreich ging an einer bis dahin nicht gekannten Gefahr zu Grunde: der schwarzen Pest. Die Pest hatte, aus dem Mittelmeer kommend, 1352 in ganz Europa auch den entlegensten Winkel erreicht. Die Todesrate war sehr hoch, in vielen Gebieten starb ein Viertel der Bevölkerung. Die Städte verzeichneten nochmals viel höhere Anteile. Norwegen wurde besonders heimgesucht, dort starben bis zu 60 % aller Einwohner. Nach der Pest waren nicht genügend einheimische Kräfte vorhanden, die notwendige Ordnung aufrechtzuerhalten. So konnten Dänemark und die Hanse sich in Norwegen festsetzen: Die Hanse eröffnete ihr Kontor in Bergen 1360, das Königreich verlor durch die Personalunion mit Dänemark ab 1380 seinen eigenen König und, wie sich im Laufe der Zeit herausstellte, damit de facto auch seine Selbständigkeit.

Dänemark hatte mindestens doppelt so viele Einwohner wie Norwegen, während Schweden auf eine mittlere Position kam. Der Abstand zeigt sich noch stärker am Grad der Urbanisierung. Im 14. Jh. gab es im Norden ca. 100 Städte. Davon lagen 60 auf dänischem Gebiet (inkl. Schonen), 30 in Schweden und nur ca. 10 in Norwegen. Dagegen waren die deutschen Städte an der Ostsee zahl- und bevölkerungsreich: Während Kopenhagen und Stockholm auf 4000–5000 Einwohner kamen und Bergen auf ca. 7000, wohnten in Lübeck 30 000 Menschen.

Die Hanse

Schon in der Schlacht bei Bornhöved 1227 hatte sich die Macht der Handelsstadt Lübeck, die erst kurz zuvor (1158) gegründet worden war, gezeigt. Sie wurde zum Zentrum der Hanse, als durch die Einführung der Schriftlichkeit der Wanderhandel überflüssig wurde. Die Schriftlichkeit erlaubte nicht nur eine Zentralisierung des Handels und das gleichzeitige Aussenden von verschiedenen Schiffen, sondern auch Kontrolle (Buchführung) sowie Kredit- und Kommissionsgeschäfte. In einer Geschichte des Nordens ist die Hanse kein Thema an sich, sondern nur insoweit wichtig, wie es zum Verständnis der nordischen Geschichte beiträgt. Das Einwirken der Hanseaten wird deshalb an der jeweiligen Stelle genannt. Generell hat die Hanse sehr viel zur Integration des Nordens und Europas beigetragen. Dabei wurden alle Dimensionen berührt: Handel und Finanzen, Krieg und Frieden, Kunst und Wissenschaft.

Das Symbol der Normannen war das Wikingerschiff, das der Hanse die Kogge. Die Kogge stellte die technische Grundlage des Erfolgs der Hanseaten dar. Ihr Rumpf war ähnlich wie das Wikingerschiff in Klinkertechnik gebaut, jedoch breiter, höher und mit stärkeren Spanten versehen. Sie hatte wie das Wikingerschiff nur einen Mast mit Rahsegel, konnte aber ein Vielfaches tragen (100–200 t) und verfügte über ein Deck, das den Laderaum abschloss. Sie war langsam, aber mit einem «Kastell» versehen, einer erhöhten Plattform, die eine Verteidigung wie von einem Turm aus zuließ. Damit war sie auch als Kriegsschiff tauglich. Weil die Kogge das Symbol der Hanse war, wurde sie oft in entsprechenden Siegeln abgebildet. Um 1450 verfügte die Hanse über eine Transportkapazität von 100 000 t, ein für die damalige Zeit gewaltiges Potenzial.

Seit dem 11. Jh. schlossen sich niederdeutsche Fernkaufleute zu einer Hanse (Schar) zusammen. Diese Genossenschaften waren jeweils lokal organisiert. Infolge ihres wirtschaftlichen Einflusses konnten sie in vielen Städten die Politik bestimmen. Erst die Vereinigung mehrerer Städte zu einem lokalen Bündnis machte «die Hanse» aus. 1259 entstand so ein Handelsbündnis der Städte Lübeck, Hamburg, Wismar und Rostock. Schon 1278 konnte die Vereinigung in Norwegen erste Handelsprivilegien erwerben. Erst ein Jahrhundert später, 1358, wurde der allgemeine Bund zur Absicherung von Handelsvorrechten unter der Führung Lübecks, der *stede van de düdische hanse*, gegründet. Ihr ging es vor allem um das «Stapelrecht», d. h. das Recht, ihre Waren anbieten oder kaufen zu dürfen, welches oft von der Stapelpflicht für Nichthanseaten, die Waren anbieten zu müssen, ergänzt wurde. Die Hanse hatte keine Verfassung, sondern beschloss auf den Hansetagen ihre Politik. Ihr stärkstes Mittel war das «Verhansen», d. h. der Boykott oder die Blockade von einzelnen Häfen oder Ländern. So konnte die Hanse z. B. dem norwegischen König 1294 umfangreiche Privilegien wie Zollfreiheit und Zugang zu allen Häfen südlich von Bergen abringen, indem sie die Getreideversorgung einstellte. Bis zu 200 Städte aus dem Deutschen Reich und dem Gebiet des Deutschen Ritterordens nahmen an der Hanse teil. Obwohl es auch in England (Stalhof) und niederländischen Städten Hanseniederlassungen gab, lag das Gewicht eindeutig auf dem Handel mit dem Norden und der Ostsee. Hier hatte die Hanse in Schweden und dem Deutschen Ritterorden oft eine Stütze, während die nordische Großmacht Dänemark und die niederländische Konkurrenz die strategischen Gegner darstellten.

Die gängigen Exportwaren waren Getreide, Salz, Bier, Wein, Tuche und Fertigwaren, während besonders Fisch, aber auch Holz, Wachs, Metall, Honig und Pech importiert wurden. Fisch war ein preiswertes Nahrungsmittel, das auch aus religiösen

Gründen bevorzugt wurde: Weil Jesus Christus am Karfreitag gekreuzigt wurde, aß der Christ freitags nie Fleisch, sondern Fisch. Die Aufzählung der Waren zeigt, dass ein entwickelter und ein weniger entwickelter Wirtschaftsraum sich austauschten. Die Hanse versuchte erfolgreich, Privilegien zu bekommen. Natürlich wurde ständig um die Auslegung solcher Privilegien gestritten. Das wirkte sich in der Praxis (vereinfacht) so aus, dass z. B. in der wichtigsten Stadt Norwegens, in Bergen, nur die Hanseaten den begehrten getrockneten Klippfisch kaufen, die Norweger ihn aber nicht selbst exportieren durften. Die Hanse durfte ihrerseits keinen Fisch nördlich von Bergen erwerben. Ein weiteres Instrument stellte die Finanzwirtschaft dar. Die Einkäufer gewährten Vorschuss, der mit der Warenlieferung des kommenden Jahres verrechnet wurde. Das hielt den Lieferanten in Zinsknechtschaft, er konnte niemandem sonst seine Ware verkaufen. Ebenso waren oft nur die Hanseaten in der Lage, große Summen an Fürsten oder Könige zu verleihen. Die Hanse hatte Vertretungen in allen wichtigen Städten Nordeuropas. Bergen war besonders wichtig, weshalb dort ein «Kontor», ein ganzer Stadtbezirk mit deutscher Bevölkerung unter deutschem Recht, etabliert war. Visby auf Gotland, die andere große Niederlassung, war wegen ihres großen Anteils an deutscher Bevölkerung selbst Hansestadt geworden. Die Macht der Hanse gründete sich also auf ihre Transportkapazität, ihr Nachrichtensystem, ihre Finanzkraft, rechtliche Privilegien und nicht zuletzt auf reale Macht: Zeitweilig lebten in Bergen mehr waffenfähige deutsche Männer als norwegische. Die Bedrohung der Hansemacht lag in der Uneinigkeit ihrer Mitglieder, der potenziellen Verlagerung von Angebot und Nachfrage und im Abbau der Privilegien. Dies alles erfolgte im 16. Jh., und im 17. löste sich die bedeutungslos gewordene Hanse auf.

Großmachtvision: die Kalmarer Union

Die Kalmarer Union (1397–1523) war der Versuch, ganz Skandinavien politisch zu einen. Daraus hätte eine europäische Großmacht entstehen können. Eine ähnliche Entwicklung fand parallel in Mittelosteuropa statt: Polen hatte sich seit 1386 in einer Personalunion mit Litauen verbunden. Es brach die Macht des Deutschen Ritterordens und dehnte sein Einflussgebiet weit aus, Kiew und Minsk lagen tief in polnischem Gebiet. Sollte Skandinavien eine ähnliche Großmachtzeit bevorstehen?

Der schwedische König hatte seinen Sohn Håkon VI. in Norwegen zum König krönen lassen und ihn mit Waldemar Atterdags Tochter Königin Margarete I. verheiratet. Der schwedische Adel opponierte jedoch gegen Håkon und wählte stattdessen Albrecht von Mecklenburg zum schwedischen König. Håkon VI., der seinen Anspruch auf den schwedischen Thron nicht durchsetzen konnte, starb 1380. Margarete I. gelang es in dieser Situation, ihren fünfjährigen Sohn Olav zum König in Dänemark und in Norwegen zu machen und die Regentschaft für ihn zu übernehmen. Mit Olav begann die bis 1814 andauernde dänisch-norwegische Personalunion. Margarete I. verfolgte das Ziel, die drei Königreiche durch eine Personalunion zu einen. Nach Olavs frühem Tod erhob sie den Anspruch auf den schwedischen Thron mangels eigener überlebender Söhne für ihren Großneffen Erik (Erich) von Pommern. Dazu musste Albrecht vom Thron vertrieben werden. Margarete I. besiegte Albrecht, nahm ihn gefangen und belagerte 1391 Stockholm. Daraufhin organisierte Albrechts mecklenburgische Verwandtschaft die Versorgung der Stadt durch die «Vitalienbrüder»: Klaus Störtebeker, Gödeke Michels und andere erhielten gleichzeitig den Auftrag, dänische und Hanseschiffe aufzubringen, denn die Hanse unterstützte zu dieser Zeit Dänemark. Nach Kriegsende setzten sie sich in Gotland fest und wandten sich vollends der Seeräuberei zu. Der Deutsche Ritterorden vertrieb sie von dort. Daraufhin verlegten sie ihre Aktivitäten in die Nordsee. Von Hamburg 1401 gefangen genommen, wurden ihre wichtigsten Anführer hingerichtet. Alle Akteure, seien es Erik oder Albrecht, Störtebeker oder die Hanse, zeigen schlaglichtartig, wie eng Skandinavien und Norddeutschland miteinander verknüpft waren.

Weil Albrecht von Mecklenburg, inzwischen längst wieder in Freiheit, die Erwartung der Schweden seinerseits nicht erfüllte, stürzten sie auch ihn. Unter Margaretes Federführung wurde nun Erik von Pommern zum schwedischen König gewählt. Zwar war er der erste Monarch, der die drei Reiche in seiner Person vereinte, die treibende Kraft der Union war aber Margarete I. Den Unionsvertrag unterzeichneten die jeweiligen Reichsräte 1397 in der schwedischen Stadt Kalmar. Der Vertrag legte nicht nur die Union fest, sondern bestätigte gleichzeitig, dass die drei Reiche weiterhin selbständig bleiben sollten. Dieser Widerspruch führte bald zum Streit. Erik (1397–1439) wählte die Handelsstadt Kopenhagen (dän. Köbenhavn = Köbmanshavn = Kaufmannshafen) als zentrale Residenz und führte 1429 den Sundzoll für alle ausländischen Schiffe ein. Der Sundzoll in Helsingør stellte eine der wichtigsten Einnahmen der dänischen Krone dar und wurde erst 1857 abgeschafft. Erik gründete die am Sund Kopenhagen gegenüberliegende Stadt Malmö, welche deshalb noch heute im Stadtwappen den Pommerschen Greif trägt. Er versuchte, seine drei Reiche trotz ihrer Eigenständigkeit unter gleichen Prinzipien zu verwalten. Damit war Streit mit den Schweden heraufbeschworen. Gleichzeitig versuchte Erik die Macht der Hanse zu brechen. Infolgedessen blockierte sie den Export, wo sie konnte. Vertreter des niederen schwedischen Adels taten sich unter dem Grubenbesitzer Engelbrekt Engelbrektsson aus Dalarne zusammen und forderten die Rücknahme von Eriks neuen Steuern und freien Handel. 1434 erfasste der Aufstand ganz Schweden. Engelbrekt wurde zum Reichshauptmann und zum Führer der schwedischen Truppen gewählt und damit zu einer ernsthaften Bedrohung. Doch gelang es 1436, Engelbrekt zu ermorden. Er wurde später zum schwedischen Nationalhelden. Erik war inzwischen auch in Dänemark zur Persona non grata geworden. Nachdem er, auf Gotland verschanzt, systematisch Handelsschiffe gekapert hatte, entthronten ihn alle drei Reichsräte. Erik verkaufte daraufhin Gotland und ging, auf ganzer Linie gescheitert, nach Pommern zurück.

Die Reichsräte kamen aber gleichzeitig überein, es noch einmal mit der Union zu versuchen, und wählten als gemeinsamen König Christoph von Bayern, den Neffen Eriks. Nach dessen Tod 1448 konnte man sich jedoch nicht auf einen gemeinsamen

Kandidaten einigen. Die Dänen wählten Christian I. aus Oldenburg als König (1448–1481). Schnell kam es zum Krieg mit Schweden, in dem Christian I. seinen Anspruch auf die schwedische Krone aber nur zeitweilig (1457–1464) durchsetzen konnte. Es entstand eine seltsame Situation: Obwohl die schwedischen Magnaten den in Kopenhagen regierenden gemeinsamen König formal weiterhin anerkannten, ließen sie es nicht zu, dass dieser Monarch Schweden betrat. In dieser verworrenen Situation gab es immer wieder Kriege und Überfälle, wobei ein Teil des schwedischen Hochadels Dänemark unterstützte. Die Hanse stand meist auf der Seite Schwedens. Doch auch die dänischen Könige konnten nicht mit der Unterstützung ihres ganzen Landes rechnen. Auch hier gab es immer wieder Differenzen, die sich insbesondere an Schleswig und Holstein knüpften. Als diese beiden Herzogtümer 1460 vakant wurden, gelang es Christian I., sie zu übernehmen und dadurch seine Machtbasis erheblich zu stärken. Mit diesem Schritt ging er gleichzeitig auf Wünsche des ortsansässigen Adels ein, der eine Aufteilung in einem späteren Erbfall verhindern wollte (Realteilung). Deshalb wurde der Vertrag von Ripen mit seiner berühmten Zeile *dat se bliven ewich tosamende ungedelt* (dass sie ewig ungeteilt zusammenbleiben) aufgesetzt. De facto hatte der Vertrag keine Bedeutung, denn schon Christian teilte Schleswig und Holstein unter seinen beiden Söhnen Johann und Friedrich auf. Der Vertrag wurde später im Rahmen des Nationalitätenstreits im 19. Jh. ein wichtiges Instrument gegen die dänische Herrschaft (s. S. 51). Christian I., der zeit seines Lebens nie Dänisch lernte, verpfändete die Shetland- und Orkneyinseln, die seit Wikingerzeiten norwegischer Besitz waren, an den schottischen König. Da das Pfand nie eingelöst wurde, gingen die Inseln Skandinavien verloren.

Auf welche Art es immer wieder zu Kämpfen innerhalb des Reiches kommen konnte, zeigt die Schlacht bei Hemmingstedt. Dithmarschen hatte sich im Laufe der Zeit als ein relativ autonomes Gebiet etabliert. König Johann (Hans; 1481–1513) und sein Bruder Friedrich, Herzog von Schleswig und später Nachfolger seines Bruders auf dem Thron (1523–1533), wollten ihre

Herrschaft uneingeschränkt durchsetzen, und so kam es 1500 zur Schlacht, in der die Dithmarscher infolge kluger Taktik das weit überlegene Heer des Königs und des Herzogs schlagen konnten. Ein Drittel aller schleswig-holsteinischen Ritter verloren ihr Leben, womit Dithmarschens Autonomie für ein weiteres halbes Jahrhundert gesichert war. Für die Dithmarscher ist die Erinnerung noch heute identitätsstiftend.

Christian II. (1513–1523) versuchte als letzter König, die Union mit Schweden de facto durchzusetzen. Gleichzeitig verfolgte er eine rigorose Reformpolitik, die sich sowohl gegen die Hanse als auch gegen den Adel richtete. Er förderte das städtische Bürgertum sowie den Handel und beschnitt die Privilegien des Adels. In einem Krieg gegen die schwedische Herrschaft gelang es ihm, Stockholm zu erobern und sich zum schwedischen König wählen zu lassen. 1520 ließ er 80 hochrangige Gegner «wegen Ketzerei» im «Stockholmer Blutbad» hinrichten. Was zur Herrschaftssicherung dienen sollte, erwies sich als ihr Untergang. Ab 1521 gingen nicht nur der Adel, sondern auch große Teile des Volkes zum Aufstand über. Der dänische Adel nahm die Gelegenheit wahr, setzte Christian II. ab und berief dessen Onkel Friedrich von Gottorp-Holstein auf den Thron.

Der schwedische Aufstand wurde von Gustav Vasa (auf der schwedischen 1000-Kronen-Note abgebildet) geleitet. Er war nicht nach Stockholm gegangen, weil er Christian II. im Gegensatz zu seinem Vater und seinem Onkel misstraute. Gustav Vasa floh. Da sich die politische Lage nach dem «Stockholmer Blutbad» geändert hatte, schickte man ihm die schnellsten Schiläufer nach, um ihn einzuholen. Hierauf geht der heute beliebte Vasa-Lauf zurück. Mit einer Bauernarmee eroberte Gustav das Land. Die Städte konnte er erst nehmen, als ihm die Hanse Schiffe zur Verfügung gestellt hatte. 1523 ließ er sich zum König krönen. Seine Krönung bedeutete das Ende der Kalmarer Union und den Beginn der Vasa-Monarchie in Schweden. Der Tag seiner Wahl am 6. Juni wurde später nationaler «Flaggentag». Seit 2004 ist er arbeitsfreier Nationalfeiertag, wofür der bis dahin freie Pfingstmontag geopfert wurde.

3. Frühe Neuzeit – Aufstieg und Fall
der Großmacht Schweden

Historiker datieren den Beginn der frühen Neuzeit auf die Jahrzehnte um das Jahr 1500. Als Stichworte gelten u. a. die Renaissance, der Humanismus, die Kunst des Buchdruckens, die Reformation und die Entdeckungen. In dieser Situation galten Geografie und Kartografie als hohe Künste. Es war der deutsche Geograph Hartman Scheidel, der 1493 den Namen Finnland, abgeleitet vom lateinischen Fennia, einführte. Seither ist diese Verwendung geläufig; die Bezeichnung Suomi geht auf das Samische zurück. Die frühe Neuzeit endet mit den Revolutionen Ende des 18. Jh.s.

Die Reformation

Die Reformation begann 1517 mit Luthers öffentlichem Anschlag seiner 95 Thesen an die Schlosskirche in Wittenberg. Das Ansehen der römischen Kirche hatte zu dieser Zeit infolge von Missbräuchen und Missgriffen schweren Schaden genommen (u. a. Ablasskauf). Luther, der ursprünglich die Kirche reformieren, nicht eine neue gründen wollte, ließ auch unter Zwangsandrohung nicht von seinen Thesen ab, woraus schließlich der Protestantismus als Lehre und später als Kirche entstand. Für den Fürsten eines Landes hatte dieser neue Glaube neben seiner religiösen Seite auch zwei sehr attraktiv-praktische. Papst und Klöster sind im Protestantismus nicht vorgesehen, sodass es sich für den Fürsten erstens anbot, Kirchenbesitz einzuziehen, und zweitens, sich selbst zum Oberhaupt der Kirche zu erhöhen. Damit waren auch die Gegner der Reformation definiert: die bestehende Kirchenorganisation, die, durch die Bischöfe repräsentiert, auch über bedeutenden weltlichen Einfluss und militärische Macht verfügte. Trotz Zustimmung «von unten» war bei der Einführung der Reformation «von oben» mit Widerstand zu rechnen. Die Bedeutung der neuen Lehre wird beispielhaft darin deutlich, dass schon 1523 König Friedrich I. von Dänemark in seiner Handfeste zur Königswahl niederlegen musste, sie nicht auf seinem Territorium zu dulden. Genützt hat das wenig, denn Friedrich stellte dem lutherischen Prediger Hans Tausen wenig später nicht nur einen persönlichen Schutzbrief aus, sondern bestimmte, dass in Zukunft nicht der Papst, sondern der König alle höheren Kleriker einsetzen werde.

Der spätere König Christian III. von Dänemark soll als Teilnehmer des Reichstags zu Worms von Luthers Auftreten persönlich tief beeindruckt gewesen sein. Im Norden griff der Protestantismus auf gleiche Weise wie in Deutschland um sich: Wandernde Geistliche predigten engagiert und in Volkes Sprache. Führende skandinavische Theologen wie Hans Tausen oder Olaus und sein Bruder Lars Petri hatten in Wittenberg bei Luther persönlich gelernt. Der erste Ort im dänischen Reich, wo protestantisch gepredigt wurde, war wohl Husum (H. Tast 1525). Als besonders bedeutend trat der Pommer Johannes Bugenhagen, einer der engsten Freunde Luthers, hervor. Nachdem Christian III. (1534–1559) sich in der «Grafenfehde», einem zweijährigen Bürgerkrieg (1534–1536), durchgesetzt hatte, verkündete er die Reformation, ließ die Bischöfe festnehmen und konfiszierte den Kirchenbesitz. Damit verdreifachte er das Königsgut. Anschließend bat er Luther und dessen Landesherrn, den Kurfürsten von Sachsen, ihm einen kirchlichen Berater zu schicken. So kam Bugenhagen nach Dänemark. Er formulierte die dänische und die norwegische Kirchenordnung, errichtete damit die Staatskirche, lehrte an der Universität Kopenhagen, wurde 1538 sogar ihr Rektor und setzte sich für Verbesserungen im Schulwesen ein. Christian III. verdeutlichte seine Wertschätzung dadurch, dass er sich und seine Königin von Bugenhagen krönen ließ.

Da Christian III. König war, führte er die Reformation zeitgleich in Norwegen, Island und auf den Färöern ein. In Norwegen waren viele nicht einverstanden. Hier ging es nicht nur um

Pfründe, sondern das Einsetzen der Bischöfe durch den Staat bedeutete, dass der dänische Einfluss weiter zunahm. Dagegen wehrte sich Erzbischof Olav Engelbrektsson aus Trondheim. Er errichtete die Festung Steinvikholm als Drohkulisse. 1536 arretierte er Christians III. Verhandlungsdelegation, ließ ihren Vorsitzenden töten und hoffte auf ein Eingreifen katholischer Mächte. Als dies ausblieb und er einsehen musste, dass weiterer Widerstand fruchtlos und zugleich gefährlich war, floh er außer Landes. Anhaltenden Widerstand gab es auch im entfernten Reichsteil Island. Der Bischof von Hólar, Jón Arason, auch als Schriftsteller bekannt, widersetzte sich öffentlich. Nachdem 1548 der zweite Bischof des Landes, der reformwillige Einarsson von Skálholt, gestorben war, nahm Jón Arason dessen von Kopenhagen nominierten Nachfolger kurzerhand gefangen und setzte eigenmächtig einen neuen Bischof seiner Wahl ein. Das konnte der König nicht tolerieren und ließ Jón Arason mit zweien seiner Söhne 1550 töten. Jón Arason gilt als isländischer Nationalheld.

Gustav Vasa ging in Schweden und Finnland behutsamer vor. Zwar ließ er auf dem Reichstag zu Västerås das Kirchengut in königliche Verwaltung überführen und übernahm die Oberaufsicht über die entstehende «Nationalkirche», doch zogen sich die Reformen praktisch bis zum Ende des 16. Jh.s hin. Um die Zustimmung zu vergrößern, erhielten die Adeligen ihre Schenkungen an die Kirche der letzten 70 Jahre zurück. Für Finnland ist die Reformation ein wichtiger Meilenstein in der Nationalgeschichte. Der Reformator Michael Agricola begann schon während seines Studiums in Wittenberg, die Bibel ins Finnische zu übersetzen. Seine 1543 veröffentlichte Fibel ist das erste in finnischer Sprache gedruckte Buch. Sie hatte ähnlich wie die Bibelübersetzung Luthers entscheidenden Einfluss auf die Ausformung der Standardsprache. Zu Agricolas Ehren wird an seinem Todestag (9.4.) geflaggt.

Dominium maris baltici –
die Ostsee als schwedisches Binnenmeer?

Nachdem der Hochmeister des Deutschen Ritterordens, Albrecht von Brandenburg-Preußen, auf Rat Martin Luthers den Orden säkularisiert hatte, entstand im Baltikum ein Machtvakuum, in das vier Länder hineindrängten: Polen-Litauen, Russland, Dänemark und Schweden. Polen hatte Preußen und Kurland unter seine Lehnshoheit genommen, Russland besetzte 1558 bis 1583 Teile von Estland und Lettland. Dänemark hatte 1407 Gotland vom Ritterorden erhalten. Herzog Magnus von Holstein, Bruder des dänischen Königs, hatte die Bistümer Kurland und Ösel-Wiek erworben, die jeweils Teile von Kurland und Estland umfassten. Schweden konnte seine Herrschaft 1561–1581 über Estland ausdehnen. Für Polen und Russland ging es um Gebietserweiterung an den Rändern ihres Reiches, für Schweden und Dänemark um mehr: um das *dominium maris baltici* (Herrschaft über die Ostsee). Dies war ein neues Herrschaftskonzept. Die Hanse hatte die Kontrolle des Handels ohne genuine politische Absichten angestrebt; Dänemark war es bisher um die politische Herrschaft gegangen, wofür der Sundzoll ein Instrument war. Die Idee des *dominium maris baltici* war nun die kombinierte Herrschaft über die Gewässer der Ostsee und gleichzeitig die wichtigsten Küstenstreifen. Dieses Konzept war die Grundidee der schwedischen Großmachtperiode im 17. und 18. Jh. Damit waren gleichzeitig die Gegner Schwedens bestimmt: die anderen Ostseeanrainer, vor allem Dänemark und das aufstrebende Russland. Die Hanse und der Ritterorden spielten als Machtfaktoren keine Rolle mehr.

Im Nordischen Krieg 1563–1570 konnten weder Dänemark noch Schweden die Oberhand gewinnen. Beide Seiten verwüsteten die Provinzen des Gegners, Schweden insbesondere die dänische Provinz Schonen, und so standen am Ende beide geschwächt da. Der Frieden bestätigte den Status quo, allerdings verzichtete Dänemark auf seinen Anspruch auf die schwedische Krone. In der Person des Königs Christian IV. (1588–1648), gleichzeitig Herzog von Schleswig und Holstein, der schon als

Siebenjähriger gekrönt wurde, versuchte sich Dänemark noch einmal gegen Schweden durchzusetzen. Während eines schwedisch-polnischen Krieges griff er ein (Kalmarkrieg 1611–1613) und eroberte die schwedischen Festungen Kalmar an der Ostsee und Älvsborg am Sund, den einzigen Zugang Schwedens zur Nordsee. Gebietsmäßig konnte Christian IV. den Erfolg nicht ausnutzen, doch erhielt er Ausgleichszahlungen von Schweden. 1625 engagierte er sich im 30-jährigen Krieg auf Seiten der Protestanten gegen die Katholische Liga und den Kaiser. Jedoch schon in der ersten Schlacht vernichtete Tilly, der Feldherr der Liga, seine Armee bei Lutter im Harz. 1627 verheerten die Kaiserlichen von Süden kommend Holstein, Schleswig und dann ganz Jütland. Christian IV. wurde zum Frieden gezwungen, der nur deshalb glimpflich ausfiel (Versprechen, nicht mehr gegen die Liga zu kämpfen), weil die Liga verhindern wollte, dass Schweden in den Krieg eintrat. Christian sah sich jedoch keineswegs als Verbündeter des Erzfeindes Schweden, sondern fühlte sich zwischen den Kaiserlichen und Schweden in die Zange genommen. Nach schwedischen Niederlagen in Deutschland provozierte er einen neuen Krieg mit seinem schwedischen Nachbarn und wurde erneut vernichtend geschlagen. Im Frieden von Brömsebro musste er 1645 die Inseln Gotland, Ösel, die Region Halland (am Sund) und das norwegische Jämtland/Härjedalen abtreten. Unter Christian IV. ging der Großmachtanspruch Dänemarks verloren. Dagegen hat er sich als Städtegründer (z. B. Kristiansand) einen Namen gemacht. Christiania (Oslo) wurde nach ihm umbenannt, weil er sich dort baulich engagierte. 1617 gründete er Glückstadt an der Unterelbe und hoffte, die Stadt werde Handel aus Hamburg abziehen. Die sichtbarsten Spuren hinterließ Christian IV. in seiner Hauptstadt Kopenhagen. Viele der schönsten Gebäude der Stadt entstanden in seiner Zeit, darunter die Börse mit dem kurios aus stilisierten Drachenschwänzen gezwirbelten Turm, die Holmenskirche und das Renaissanceschloss Rosenborg. Unter seiner Herrschaft expandierte Dänemark auch nach Übersee. Er gründete 1620 die dänische Niederlassung in Trankebar, Indien, und verlieh der dänischen Ostindischen Kompanie ihre Privilegien.

Gustav Adolf II. (1611–1632) von Schweden erstritt sich von Russland Ingermanland und Ostkarelien, sodass Russland von der Ostsee abgeschnitten war. Im Krieg gegen Polen konnte er 1621 mit Riga Livland erobern, wobei es ihm gleichzeitig gelang, sich in verschiedenen preußischen Städten festzusetzen. Damit reichte die schwedische Herrschaft bis zur Weichselmündung. Die Drohung, welche die Katholische Liga zum Einlenken gegenüber Dänemark zwang (s. S. 41), wurde schon ein Jahr später wahr. 1630 entschloss sich Gustav Adolf II., in den 30-Jährigen Krieg einzugreifen, weil er seine Pläne zur Ostseeherrschaft gefährdet sah und auch ein dauerhaftes Erstarken der katholischen Restauration befürchtete. Er landete in Usedom und zog nach Süddeutschland. In mehreren Schlachten blieb er gegen die Kaiserlichen siegreich, bis er in der (ebenfalls für Schweden siegreichen) Schlacht bei Lützen 1632 fiel. Sein Reichskanzler Oxenstierna führte die Politik weniger vehement weiter. 1644 begannen die Friedensverhandlungen der Kaiserlichen mit Schweden in Osnabrück und in Münster mit Frankreich, die 1648 zum Westfälischen Frieden führten. Schweden erhielt am Südufer der Ostsee Vorpommern mit Stettin und der Odermündung sowie das zwischen Weser und Elbe gelegene Herzogtum Bremen (nicht die Stadt). Damit war Schweden Herr der Ostsee geworden und hatte gleichzeitig einen strategischen Druckpunkt gegen Dänemark erworben. Nun war Dänemark umfasst und von drei Seiten bedroht. In der Tat bauten die Schweden die Stadt Stade an der Unterelbe so stark zu einer Festung aus, dass das Erscheinungsbild des Ortes noch heute im Wesentlichen von dieser Zeit geprägt wird. Darüber hinaus hat der Westfälische Frieden große langfristige Auswirkungen gehabt. Hier legten die beteiligten Mächte die Grundlage des modernen Völkerrechts und der gleichberechtigten, friedlichen Koexistenz von Staaten mit unterschiedlichen Systemen und Konfessionen.

Als Schweden 1657 in einen Krieg mit Polen verstrickt war, hielt der dänische König Frederik III. (1648–1670) dies für eine günstige Gelegenheit, in einem Revanchekrieg die abgetretenen Gebiete zurückzuerobern. Doch der auf einer dänischen Militärakademie ausgebildete schwedische König Karl Gustav X.

(1654–1660) zog sich überraschend schnell aus Polen zurück, verbündete sich mit dem Herzog von Holstein-Gottorp gegen dessen Lehnsherrn, den dänischen König, und eroberte Jütland. In einer nicht für möglich gehaltenen Bewegung überquerte er im Januar 1658 die zugefrorenen Ostseeausgänge Kleiner und Großer Belt und stand plötzlich vor Kopenhagen. Schockiert schloss Frederik nach wenigen Tagen den «Panikfrieden von Roskilde» ab, in dem Dänemark Schonen, Blekinge, Bohuslän, Bornholm und das norwegische Trøndelag an Schweden abtreten musste. Im «Panikfrieden» verlor Dänemark ein Drittel seines Territoriums, während Schwedens heutige Grenzen auf diese Weise im Wesentlichen geschaffen wurden. Doch nach zweijähriger Belagerung Kopenhagens mussten die Schweden abziehen und im Frieden von Kopenhagen 1660 Bornholm und Trøndelag an Dänemark-Norwegen zurückgeben. Im heutigen Südschweden war die Bevölkerung mit dem Transfer an Schweden keineswegs einverstanden. Es entwickelte sich die «Snapphanar»-Bewegung, die mit dänischer Unterstützung 1675–1679 in einen ernstzunehmenden Partisanenwiderstand überging. Bei Loshult gelang es ihr 1676 sogar, sich der Kriegskasse König Karls XI. zu bemächtigen. Obwohl es dem schwedischen Militär gelang, die Bewegung zu unterdrücken, blieb der Schatz von Kupfermünzen verschollen. (1996 wurden bei Baumpflanzarbeiten in der Nähe von Loshult zehn Kupferplatten des Münzschatzes gefunden.) In der Region wurden Verwaltung, Rechtsprechung und Kirchenorganisation nach schwedischer Ordnung eingeführt und, ähnlich wie 1627 in Åbo (Turku) und 1632 in Dorpat, in Lund 1668 eine Universität gegründet.

Ein knappes Jahrhundert konnte Schweden seine Vormachtstellung im Ostseeraum aufrechterhalten. Es wurde mehrfach militärisch herausgefordert, aber selbst die Schlacht von Fehrbellin (1675), in der es Brandenburg-Preußen gelang, die schwedische Armee zu schlagen, konnte die Stellung Stockholms nicht erschüttern. Der Zusammenbruch erfolgte erst im Großen Nordischen Krieg 1700–1721. In dieser Zeit waren die großen europäischen Mächte im Spanischen Erbfolgekrieg (1701–1714) abgelenkt. Gegen Karl XII. von Schweden, der als genialer Feld-

herr und zugleich starrköpfiger Politiker geschildert wird, organisierte der Zar Peter der Große eine Koalition aus Dänemark
und Sachsen/Polen (diese beiden Länder wurden durch die Personalunion von August dem Starken vereint). Zar Peter wollte
sich einen Ostseezugang erstreiten, sein «Fenster nach Europa»,
und begann 1703 mit dem Bau seiner neuen Hauptstadt St. Petersburg an der Newa. Karls XII. Verbündete waren anfangs
England und der Herzog von Holstein-Gottorp. Mit britischer
Flottenhilfe gelang es, erst Dänemark und dann Zar Peter zu
schlagen. Der Sieg an der Narwa gegen eine fünffache russische
Übermacht brachte ihm viel Bewunderung ein. Anschließend
wandte er sich gegen August den Starken, den er ebenfalls
schlug. Zar Peter hatte inzwischen neu aufgerüstet, sodass
Karl XII. es vorzog, sich mit dem aufständischen Hetman der
Ukraine Mazeppa zu verbünden. Bei Poltawa, weit östlich von
Kiew, stellte er sich 1709 der russischen Armee und wurde vernichtend geschlagen. Karl XII. selbst konnte sich in das Osma-
nische Reich, einen Erbfeind Russlands, retten. Nach Schweden
zurückgekehrt, kämpfte er weiter und fiel 1718. Nach dem Ende
des Spanischen Erbfolgekrieges traten Hannover und Preußen
der Koalition gegen Schweden bei. In den folgenden Friedens-
schlüssen musste Schweden verschiedene Gebiete abtreten: an
Hannover das Bistum Bremen, an Preußen große Teile von Vorpommern, und an Russland ging das ganze Baltikum verloren.
Der dänischen Krone fiel Schleswig ganz zu. Schweden blieben
nur noch Finnland und das Gebiet um Stralsund (inkl. Rügen,
Greifswald und die Stadt Wismar). Schwedens Großmachtstellung war beendet.

Der Absolutismus in seiner nordischen Spielart

Wie konnte ein peripher gelegenes Land mit einer kleinen Bevölkerung wie Schweden sich für ein Jahrhundert zur europäischen
Großmacht aufschwingen? Dazu bedurfte es verschiedener
Grundlagen. Das Land war zu der Zeit modern, reformfreudig,
ökonomisch potent und hatte eine neuartige Militärverfassung,
welche diesen Sektor besonders stärkte. Es war einer der be-

deutendsten Hersteller von Kupfer und Eisen in Europa geworden. Die Bevölkerung vermehrte sich von 1620 bis 1720 von 0,9 auf 1,5 Mio. Einwohner. 1661 wurde in Stockholm und nicht im europäischen Finanzzentrum jener Zeit, Amsterdam, die erste Zentralbank in Europa gegründet. Da Schweden aus finanziellen Gründen keine Söldnerarmee aufstellen konnte, führte Gustav Adolf II. die Wehrpflicht ein. Dies senkte nicht nur die Kosten, sondern verringerte auch die Zahl der Deserteure, die in den anderen Armeen regelmäßig einen großen Prozentsatz ausmachte. Er ließ die Armee nach modernstem niederländischen Vorbild aufstellen und drillen, was sie beweglicher machte als die seiner Gegner. Auch die bedeutende Kriegsflotte entstand nach holländischem Muster. Ihr auf der Jungfernfahrt gesunkenes Flaggschiff kann heute im Vasamuseum in Stockholm besichtigt werden. Karl XI. (1660–1697) gelang es, die Macht des Adels zu brechen, indem er 1680 die sog. Reduktionen durchsetzte. Mit diesem Rechtsmittel zog er die dem Adel früher verliehenen Krongüter wieder ein. Zwei Jahre später konnte er den Reichstag zur «Souveränitätserklärung» bewegen, die ihm praktisch die ganze Macht übertrug und ihn zum absoluten Herrscher machte. Innenpolitische Widersprüche und Rückschläge standen auch weiterhin ständig auf der Tagesordnung.

Dem dänischen König war es schon früher als dem schwedischen gelungen, sich als absoluter Herrscher zu etablieren. Auch er musste sich gegen den Adel durchsetzen und benutzte dafür den dänischen Reichsrat. Hierfür bot der Panikfrieden von 1660 (s. S. 43) Anlass, denn Frederik III. musste eine Lösung für die hohen Staatsschulden finden. Dazu berief er die drei Stände (Adel, Geistlichkeit, Bürgertum) ein. Das finanziell potente Bürgertum forderte gleichberechtigten Zugang zum Landerwerb und die Abschaffung der Steuerprivilegien des Adels. Der König verlangte, dass er selbst über die Steuern entscheiden dürfe, sowie die Erblichkeit der Monarchie. Steuerbewilligung und Königswahl waren allerdings die Kernstücke der Reichsratsverfassung, der König bot also einen Vertrag an, der einen Staatsstreich beinhaltete. Nachdem Frederik III. kurzerhand die

Stadttore geschlossen hatte, sodass niemand hinausgelangen konnte, brach der Widerstand des Adels zusammen. Fünf Jahre später wurde die *lex regia* erlassen, in der der Absolutismus grundgesetzlich für Dänemark einschließlich Island und Norwegen festgeschrieben wurde. Mit Ausnahme von Norwegen galt das Gesetz bis 1849.

Sein Nachfolger Christian V. (1670–1699) setzte die Reformen fort. An die Stelle des Recht sprechenden Herrentages setzte er ein professionelles Oberstes Gericht. Mit den Rechten des Adels wurden auch die der Bauern beschnitten. Die Stellung der Grundherren wurde gestärkt und die Fronarbeit sowie Schollenbindung gesteigert: Wehrpflichtige Männer zwischen 14 und 33 Jahren durften ihr Dorf nicht verlassen. Gleichzeitig führte er eine neue Rangordnung für den Adel ein, dessen Spitzengruppe eng an die Krone gebunden wurde. Dadurch verwandelte sich Dänemark von einem mittelalterlichen, selbstverwalteten Ständestaat in einen frühneuzeitlichen, zentralen Verwaltungsstaat. Die Finanzierung der Soldaten reorganisierte er nach schwedischem Vorbild, welches er sogar noch übertraf: Fünf Durchschnittshöfe mussten einen Soldaten unterhalten. Obwohl Dänemark auf diese Weise zu dem am stärksten militarisierten Staat Europas wurde, hat es der Krone nichts genützt. Zwar gelang es, einzelne Schlachten zu gewinnen, aber das Ziel, die Rückeroberung Südschwedens, blieb unerreichbar.

Nach Ende des Großen Nordischen Krieges hielt besonders der leitende Minister Graf Bernstorf (1751–1770) Dänemark unter dem Schlagwort «Ruhe im Norden» aus allen Kriegen heraus. Das Land erlebte einen enormen Aufschwung in Kunst und Wissenschaft – hier seien stellvertretend nur der Dichter Ludvig Holberg und Hans Christian Ørsted, der Entdecker der Beziehung zwischen Magnetismus und Elektrizität, genannt. Reformerischer Höhepunkt war die Herrschaft des deutschen Aufklärers Johann Friedrich Struensee zu Beginn der 1770er Jahre. Als Leibarzt und Liebhaber der Königin gelang es ihm innerhalb kürzester Zeit, diktatorische Vollmachten zu erhalten, die er mit großem Modernisierungswillen benutzte. Liberalisierung und Lockerung der bäuerlichen Frondienste waren zwei seiner Hauptziele, Abschaffung der Folter, Durchsetzung der Pressefreiheit und Reform des Schulwesens nur drei von vielen anderen Neuerungen. Wegen der Reformen, seines schroffen Auftretens und seines ausschließlichen Gebrauchs der deutschen Sprache machte er sich viele Feinde, sodass er in einem Putsch 1772 gestürzt und enthauptet und die Königin verbannt wurde. Die nachfolgende konservative Regierung widerrief viele Reformen. Darüber hinaus führte sie Dänisch als alleinige Amtssprache in Dänemark und Norwegen sowie in der Armee ein und legte fest, dass nur im Lande geborene Untertanen öffentliche Ämter bekleiden dürften. Trotzdem waren verschiedene Veränderungen angestoßen worden. Wichtig war die Aufhebung von Flurzwang und Schollenbindung in den 1780er Jahren, die einen Aufschwung der Landwirtschaft verursachte. Gewerbe und Handel blühten im 18. Jh. auf. Die dänisch-norwegische Handelsflotte wurde zu einer der größten Europas. Ihr kam die bewaffnete Neutralität im Siebenjährigen Krieg (1756–1763) und im amerikanischen Unabhängigkeitskrieg (1776–1783) zustatten. 1788 hob die Krone auch das dänische Monopol für Getreidelieferungen nach Norwegen auf. Dänemark gelang es sogar, einige Kolonien zu erwerben. Kopenhagen wurde zur Drehscheibe des nordeuropäischen Handels. Gegen Ende des 18. Jh.s hatte es ebenso wie Stockholm ca. 100 000 Einwohner.

Im Gegensatz zu Dänemark gilt das 18. Jh. in Schweden als «Freiheitszeit» (1719–1772). Die Staatsgewalt ging wieder in die Hand des vierständischen Reichsrats über (Adel, Geistlichkeit, Städte, Bauern). Dort bildeten sich die Parteien der «Hüte» und «Mützen», die sich an Frankreich bzw. Russland orientierten. Später verschoben sich die Profile, die «Hüte» wurden eine Adelspartei, während die «Mützen» gegen Privilegien ankämpften. Anders Celsius entwickelte das Thermometer, und Carl von Linné (er ist auf dem 100-Kronen-Schein abgebildet) veröffentlichte 1753 sein Ordnungssystem der Pflanzen. Die Freiheitszeit endete 1772, als König Gustav III. auf den Adel gestützt den Absolutismus wieder einführte. Mit ihm begann die «Gustavianische Zeit» (1772–1809), die durch Glanz und Lebensfreude der oberen Schichten gekennzeichnet war. Gleichzeitig war ein genereller kultureller Aufschwung zu verzeichnen. Gustav III. stiftete 1786 nach französischem Vorbild die Schwedische Akademie. Doch fallen in diese Zeit auch erste finnische Forderungen nach Unabhängigkeit von Schweden, die sich auf russischen Beistand stützen sollten. Nach Gustavs III. Ermordung gelangte sein Sohn Gustav IV. (1792–1809) auf den Thron, der die Zeichen der Zeit (Französische Revolution, Napoleon) nicht erkennen und zu einem strikten Absolutismus zurückkehren wollte. Nach dem Verlust von Finnland an Russland wurde er deshalb abgesetzt. Später wurde der französische Marschall Graf Bernadotte, ein Verwandter Napoleons, als Regent gewählt und 1818 als König Karl XIV. gekrönt. Seitdem besitzt in Schweden das Haus Bernadotte die Königswürde.

Die – nach wie vor hoch gerüstete – Neutralität wurde Dänemark schließlich zum Verhängnis. Schon im amerikanischen Unabhängigkeitskrieg war den Briten die bewaffnete neutrale Schifffahrt der Dänen ein Dorn im Auge gewesen, weil sie sie nicht unterbinden konnten. Die britische Blockade des Kontinents beantwortete Dänemark als führende Schifffahrtsnation, gestützt auf das Prinzip der Freiheit der Meere, mit einem erneuten Bündnis bewaffneter Neutralität, zu welchem es Schweden, Preußen und Russland gewinnen konnte. Daraufhin griff Großbritannien 1801 die vor Kopenhagen versammelte dänische Flotte an. Die dänische Marine, vorgewarnt, durch Küstenforts und die nur ihnen bekannten Untiefen des Öresunds zusätzlich geschützt, war sich ihrer Überlegenheit sicher. Anscheinend hatte sie aber in 80 Friedensjahren ihr Kriegshandwerk verlernt, denn sie wurde vor den Augen der Kopenhagener von der kriegserprobten britischen Flotte vernichtend geschlagen. Dänemark schied aus dem Bündnis mit Russland aus. Damit nicht genug. Der Friede von Tilsit 1807, der eine Übereinkunft zwischen Frankreich und Russland brachte, ließ England vermuten, dass die Einbeziehung Skandinaviens in die Reihe seiner Feinde nur eine Frage der Zeit sei. Es schickte erneut seine Flotte gegen Kopenhagen aus. Die dänische Armee stand im Süden des Landes, gegen Napoleon formiert. Die dänische Flotte bot nur noch eine schwache Verteidigung. Kopenhagen wurde von den Briten eingenommen, die noch tauglichen Kriegsschiffe mitgenommen und in britische Dienste gestellt. Nach dieser Erfahrung wurde Dänemark ein Verbündeter des späteren Verlierers Frankreich und verlor seinerseits die Herrschaft über Norwegen.

Island, Finnland und Norwegen spielten in dieser Zeit keine selbständige Rolle. Mit dem Übergang zum Absolutismus, der alle Entscheidungen von der zentralen Herrschergestalt des Monarchen ableitete, wurden die mittelalterlichen Selbständigkeiten und Eigenheiten zurückgedrängt. Natürlich existierte in der Peripherie manche Tradition weiter. Doch wer etwas konnte, sich auszeichnen oder aufsteigen wollte, versuchte zum Zentrum zu gelangen. Der Norweger Ludvig Holberg ist hierfür ein gutes Beispiel: In Bergen geboren, wirkte er vor allem in Kopenhagen. Umgekehrt kam das hohe Verwaltungspersonal zu einem großen Teil aus dem Zentrum, was durchaus zu Spannungen führte, da sich alle drei Länder als selbständige Einheiten betrachteten.

Zeitgemäß kritisierten die meisten Untertanen die Zentralisierung nicht, wohl aber gab es manchmal lokal, manchmal landesweit besondere Entwicklungen. In Norwegen zählt hierzu die Haugianerbewegung. Hans Nielsen Hauge (1771–1824) war ein Bauer, der eine religiöse Erweckung erlebte und zu predigen begann. Das durfte er nicht, weil er nicht kirchlich ordiniert war. Trotzdem durchwanderte er predigend ganz Norwegen und sammelte eine große Schar von Anhängern, die Haugianer, die miteinander in Kontakt traten. Obwohl er sich nicht gegen die Staatskirche wandte, war seine Bewegung in deren Augen zu einer Gefahr geworden. Hauge wurde zu mehreren Jahren Gefängnis verurteilt. Nach seiner Entlassung wandte er sich wieder der Landwirtschaft zu. Gleichzeitig gründete er als Unternehmer viele Betriebe, oft Mühlen. Sein Beispiel wurde aufgrund seiner unermüdlichen Tätigkeit und Ehrlichkeit zu einem bedeutenden ideologischen Fundament der norwegischen Frühindustrialisierung.

4. Revolutionen – das 19. Jahrhundert
(1814–1914)

Das 19. Jh. brachte Umwälzungen mit sich, die tief in alle Lebenszusammenhänge eingriffen: in Politik, Wirtschaft, das soziale Leben, Kunst und Kultur, Technik, das Verhältnis der Geschlechter und nicht zuletzt in das Selbstverständnis der Menschen.

Neue Herrschaft, neue Grenzen

Es begann damit, dass die politische Landkarte neu gestaltet wurde. Im Frieden von Tilsit 1807 hatten Frankreich und Russland ihre Interessensphären geografisch auf Kosten Dritter fixiert. Der schwedische Reichsteil Finnland fiel demnach an Russland und wurde 1808 besetzt. Auf dem Wiener Kongress ließ sich Russland den Besitz bestätigen, und Finnland wurde für gut 100 Jahre ein autonomes russisches Großfürstentum. Russland hatte vor allem das strategische Interesse, seine Hauptstadt St. Petersburg durch ein eigenes Glacis zu schützen, und mit dem Besitz von Finnland wurde der Finnische Meerbusen praktisch ein russisches Binnenmeer. Schweden hielt sich im Westen schadlos: Dänemarks Krieg an der Seite Napoleons gegen England erwies sich als desaströs. Kriegs- und Handelsflotte gingen unter, in den Städten grassierte Lebensmittelmangel, in Norwegen verhungerten Tausende, Inflation entwertete das Geld, sodass Kopenhagen 1813 den Staatsbankrott erklären musste. Schwedische Truppen fielen in das Land ein, welches im Frieden von Kiel 1814 Norwegen an Schweden abtreten musste. Gleichzeitig erhielt Großbritannien die Insel Helgoland (Helgoland kam erst 1890, im Austausch gegen Sansibar, wieder zu Deutschland). Dänemark war auf allen Gebieten nachhaltig geschwächt. In Norwegen hatte sich unterdessen eine Nationalbewegung etabliert, die das Land in die Souveränität führen wollte. Auf einer Versammlung in Eidsvoll in der Nähe von Oslo erklärten sich die Norweger am 19. Februar 1814 für unabhängig und nahmen im Mai eine Verfassung an. Der schwedische König drohte mit Krieg, und nach kleineren Scharmützeln wurde eine Lösung gefunden, die beide Seiten das Gesicht wahren ließ: Norwegen blieb ein selbständiger Staat mit eigener Verfassung und Parlament, dem Storting. Der schwedische König übernahm in Personalunion auch die norwegische Krone. Obwohl die volle Souveränität Norwegens nur wenige Monate dauerte, behielt sie als ideologisches Element in politischer Dimension ihr Momentum. Wie in Finnland wuchs dort während des 19. Jh.s ein sehr starkes Nationalgefühl heran, das sich vor allem politisch und künstlerisch äußerte.

Die Revolutionswelle, die 1848 von Frankreich ausgehend über fast ganz Europa hereinbrach, erfasste auch die skandinavischen Länder, am stärksten jedoch Dänemark. Hier wurde im Juni 1849 eine Verfassung angenommen, die allen über-30-jährigen Männern das Wahlrecht einräumte, die bürgerlichen Grundrechte proklamierte und die Adelsprivilegien abschaffte. Entsprechende Bestrebungen in Norwegen und Schweden waren weniger erfolgreich. Trotzdem entstand in dieser Zeit ein erneutes Gefühl der skandinavischen Zusammengehörigkeit, des Skandinavismus, der nicht nur die historische und kulturelle, sondern auch die politische Gemeinschaft der drei Länder (Island war dänisch) propagierte.

Das aufkeimende Nationalgefühl ließ in Schleswig-Holstein, damals ein Teil des dänischen Reiches, Spannungen zwischen Dänen und Deutschen entstehen. 1846 hatte der dänische König die These des «unteilbaren Staates» proklamiert, die sowohl Schleswig als auch Holstein als normalen Bestandteil Dänemarks definierte. Schleswig zählte seit jeher zum dänischen, Holstein dagegen zum deutschen Staatsgebiet. Die Einwohner Schleswigs waren mehrheitlich Deutsche mit einer bedeutenden dänischen Minderheit im Norden. Beide Gebiete sollten als Einheit behandelt werden (Vertrag von Ripen – s. S. 35); doch der berühmte Spruch *op ewich ungedeelt* geht auf ein antidänisches Gedicht von 1841 zurück. Eine Verfassungsvorlage, die 1848 allein Schleswig als Bestandteil des dänischen Staates vorschlug, löste in den Herzogtümern einen antidänischen Aufstand aus, der in einen deutsch-dänischen Krieg mündete. Infolge einer britisch-russischen Intervention brachte er aber keine Veränderungen. 1864 erfolgte ein erneuter Versuch Kopenhagens, allerdings mit ganz anderem Ergebnis. Preußen und Österreich-Ungarn befanden sich zu dieser Zeit in scharfer Konkurrenz um den beherrschenden Einfluss in den deutschen Landen. Keine Macht wollte in dieser Lage der anderen den Vortritt bei der Verteidigung deutscher Interessen lassen. Die Konsequenz war, dass sie gemeinsam Dänemark den Krieg erklärten. Die Dänen fürchteten sich nicht. Sie verfügten über eine überlegene Flotte und waren sich großer Unterstützung, z. T. sogar Begeisterung der eigenen Bevölkerung und moralischen Zuspruchs aus ganz Skandinavien sicher. Jedoch entschied die Erstürmung der Düppeler Schanzen (Dybbol) durch die preußische Infanterie den Krieg. Dänemark musste auf Schleswig-Holstein verzichten, das 1866 preußisch wurde. Für Dänemark war dies eine Katastrophe, es verlor fast ein Drittel seines Territoriums. Als außenpolitische Maxime galt seitdem die strikte Neutralität. Hatten die Dänen vor 1866 per Schulsprache versucht, Nordschleswig zu dänisieren, so trat unter Preußen die deutsche Sprache entsprechend in den Vordergrund. Der Rest ist schnell resümiert: Auf der Basis des Versailler Vertrages stimmten die Einwohner Nordschleswigs 1919 ab, in welchem Staat sie leben wollten. Diese Grenze gilt bis heute. Hitler hat sie nicht angetastet, und auch ein dänischer Vorstoß, als Kompensation für den Zweiten Weltkrieg die Grenze nach Süden zu verschieben, erhielt schon im Parlament keine Mehrheit. Endgültig wurden die Spannungen durch die deutsch-dänische Grundsatzerklärung von 1955 beigelegt, in der beide Seiten der jeweiligen sprachlichen Minderheit besondere Rechte einräumten. Der Konflikt hatte über 100 Jahre angedauert. Heute gilt der Raum weltweit als ein Beispiel gelungener Grenzziehung unter Berücksichtigung von Minderheiten.

Die erwünschte Souveränität konnte Norwegen 1905, Finnland erst 1917 und Island gar erst 1944 erringen. Der norwegische Storting hatte in jahrzehntelanger zäher Kleinarbeit der schwedischen Krone immer mehr Rechte abgerungen; nun ging es darum, im Ausland durch eigene Konsulate sichtbar zu werden. Schon 1894 gab es hierüber Streit mit Stockholm. Im Mai 1905 nahm der Storting das entsprechende Gesetz erneut einstimmig an, und der schwedische König legte, wie erwartet und sogar erhofft, sein Veto ein. Ministerpräsident Michelsen trat daraufhin zurück, und dem König gelang es nicht, Mitglieder für eine neue norwegische Regierung zu gewinnen. Damit erwies er sich aus norwegischer Sicht als unfähig, seinen Pflichten nachzukommen. Durchaus trickreich, denn so konnte am 7. Juni 1905 die Union der beiden Staaten verfassungsrechtlich einwandfrei als beendet erklärt werden. Noch im August wurde eine Volksabstimmung durchgeführt, die die Unabhängigkeit mit überwältigender Mehrheit bestätigte. Noch geschickter: der Storting bat anschließend darum, einen schwedischen Prinzen zum norwegischen König wählen zu dürfen, und verminderte damit den politischen Affront. Das schwedische Königshaus konnte dem jedoch nicht zustimmen, sodass im November ein dänischer Prinz als Håkon VII. den norwegischen Thron bestieg. Alles war innerhalb eines halben Jahres zum Abschluss gebracht, ein glänzendes Stück Diplomatie und Politik! Der Name der Hauptstadt Kristiania wurde aber erst 20 Jahre später in den alten Namen «Oslo» geändert. Schweden hatte in dieser Zeit durchaus in Großbritannien und Deutschland vorgefühlt, wie dort ein militärisches Eingreifen in Norwegen aufgefasst werden würde, war aber bei beiden auf die Ablehnung derartiger Pläne gestoßen. Speziell Kaiser Wilhelm II. hatte ein besonderes Verhältnis zu Norwegen, auf seiner Jacht besuchte er das Land fast jeden Sommer. Dort zeigte er sich jovial und spendabel. Als die Stadt Ålesund 1904 vollständig abbrannte, schickte er sofort substanzielle Hilfe, die er aus seinem Privatvermögen finanzierte. Kaiser Wilhelm hat noch heute in Norwegen einen erheblich besseren Ruf als in Deutschland.

Ganz so glänzend lief es in Finnland nicht. Das finnische Nationalgefühl hatte sich zuerst durch den sog. Sprachenstreit herausgebildet. Hier ging es weniger um das Russische als vielmehr darum, wieweit Finnisch gleichberechtigt gegenüber der bis dahin geltenden schwedischen Amtssprache sein sollte. Die finnische Seite forderte «ein Volk – eine Sprache», die schwedische «zwei Völker – zwei Sprachen». Es endete mit dem bis heute gültigen Kompromiss «ein Volk – zwei Sprachen». Anfangs war es russische Politik gewesen, das schwedische Element so weit wie möglich zu schwächen. Aus diesem Grund verlegte der Zar die finnische Hauptstadt vom schwedisch geprägten Turku (Åbo) in das Örtchen Helsinki (schwedisch Helsingfors) und ließ sie vollständig neu konstruieren. Das Zentrum mit seiner Großzügigkeit und seinen weißen und grünen Farbtönen atmet noch heute ein wunderschönes russisch-klassizistisches Flair. Anlässlich eines schweren Brandes verlegte man auch die Universität des Landes von Turku nach Helsinki, was der Stadt zusätzlichen Aufschwung verlieh und die schwedische Prägung weiter schwächte. Finnland erhielt erhebliche Sonderrechte, so wurde z. B. 1811 die Bank von Finnland gegründet, die eine separate finnische Währung kontrollierte (bis 1860 finn. Rubel, danach die finn. Mark). Das Land konnte sich auch durch eine eigene Steuer- und Zollpolitik von Russland absetzen. Später durfte Finnland sogar eine eigene Armee aufstellen, sodass fast der Eindruck eines Staatenbundes zwischen Russland und Finnland entstand. Doch waren dies alles Erfolge, die von der Gnade Russlands und z. T. auch von der des Zaren persönlich abhingen. Diese Gnade währte nicht ewig. In den letzten beiden Jahrzehnten vor 1914 verfolgte St. Petersburg eine scharfe, administrative Russifizierungspolitik. Der Druck bewirkte einen nationalen Aufschwung im Lande. Dazu gehörte auch der Schulterschluss zwischen der finnischen und der schwedischen Volksgruppe, nachdem die Gleichstellung der Sprachen in der Mitte des 19. Jh.s etabliert worden war. Ein Zentrum des nationalen Widerstands wurde Fazers Café in Helsinki. Die heute im ganzen Norden verbreiteten Süßigkeiten der Firma Fazer gehen auf dieses Café zurück. 1899 annullierte Russland die finnische Verfassung und löste 1901 die finnische Armee auf, um jeden potenziellen Widerstand zu ersticken. Finnen konnten in der russischen Armee dienen, und einige wie Mannerheim (s. S. 67) ergriffen diese Gelegenheit. Aber ein eigenes, trainiertes finnisches Offizierkorps stand dem Land nach seiner Unabhängigkeit nicht zur Verfügung. Trotzdem erklärte der Landtag des Großfürstentums Finnland nach den russischen Revolutionen am Nikolaustag 1917 die Unabhängigkeit. Lenin selbst erkannte sie an; ein symbolischer Umstand, der sicherlich zur Aufrechterhaltung des finnischen Staates beitrug.

Nach der Trennung Norwegens von Dänemark blieb Island bei Letzterem. 1843 wurde der Althing, wenn auch nur als beratendes Organ, wieder eingesetzt und 1874 die nationale Gesetzgebung eingeführt. 1918 erhielt Island die volle Souveränität, die jedoch immer noch an eine 25-jährige Union mit Dänemark gebunden war. Zudem wurden Belange der Außenpolitik, der Verteidigung und – für Island besonders wichtig – der Seeinspektion (d. h. de facto der Fischereipolitik) durch Kopenhagen bestimmt. Erst die Volksabstimmung von 1944 setzte die vollständige Unabhängigkeit durch. Grönland und die Färöerinseln blieben weiterhin Teil des dänischen Reiches.

Industrielle Revolution

Fra fattigdom til överflod – «von der Armut zum Überfluss», titelte einst ein Kollege, um die sozialen Konsequenzen der Industrialisierung zu umreißen. Nicht ganz korrekt, denn Skandinavien war – nach europäischem Maßstab – nie arm gewesen. Doch die Gefühlslage der Industrialisierungsgeneration ist damit treffend ausgedrückt. Es änderte sich praktisch alles und für die meisten zum Besseren. Nicht zuletzt beendete die Industrialisierung die periodisch hereinbrechenden Hungersnöte. In Westeuropa fand die letzte große in Irland 1846–1848 statt, bei der ca. 1 Mio. Menschen starben; doch auch in Finnland verhungerten im 19. Jh. noch Zigtausende. Gegenüber West- und Zentraleuropa erreichte die Industrialisierung den Norden recht spät. Das hat weniger mit der peripheren Lage zu tun als mit dem generellen Problem, eine Industrialisierung in Konkurrenz zu importierten billigen Industriewaren durchzusetzen. Hierfür bedarf es kompensierender Maßnahmen wie Schutzzölle oder anderer Hilfen. Friedrich List hatte in solchen Fällen für zeitlich begrenzte Schutzzölle plädiert; sie standen aber den Skandinaviern nicht generell zur Verfügung, denn sie wollten ja selbst ihre Waren zum großen Teil exportieren und mussten deshalb eine liberale Außenhandelspolitik verfolgen. So lief es auf den deutschen Industrialisierungspfad hinaus, eine enge Zusammenarbeit zwischen Banken und ausgesuchten industriellen Unternehmen. Ein zweites Hindernis stellten die vielen überkommenen Ver- und Gebote dar. So musste z. B. der Flurzwang, die gemeinsame Bearbeitung der Felder, zugunsten von definiertem Privateigentum abgeschafft werden. In Finnland fiel der Zunftzwang erst, ein Jahr nachdem das Verbot von dampfbetriebenen Sägen aufgehoben war (1867). In Schweden dauerte dieser Prozess sogar bis ca. 1870. Die Emanzipation, d.i. die rechtliche Gleichstellung der Juden, die in Preußen 1812 eingeführt wurde, zog sich in Norwegen bis 1851 hin. Dänemark hob die Sund- und Beltzölle 1857 auf. Andere strukturelle Voraussetzungen, wie persönliche Freiheit, Rechtssicherheit usw., waren seit langem bzw. seit jeher vorhanden.

In allen Ländern ging mit der Industrialisierung eine Intensivierung der Landwirtschaft einher, sodass dieser «primäre Sektor» infolge der erhöhten Kaufkraft Industriewaren des «sekundären Sektors» aufnehmen konnte. Vor dem Ersten Weltkrieg war die industrielle Revolution abgeschlossen; danach erfolgte die Entfaltung der industriellen Produktion. Im europäischen Maßstab lag die Industrialisierung des Nordens somit zeitlich im Mittelfeld. In Großbritannien, Belgien, Frankreich, der Schweiz und Deutschland erfolgte sie früher, in Süd- und Osteuropa später. Ein beschleunigender Faktor war die Bildung. Der Norden setzte einen verbindlichen Schulbesuch relativ früh fest, Dänemark schon 1814, während Schweden 1844, Norwegen 1860 und Finnland 1865 folgten (Preußen schon 1717).

Den unterschiedlichen Stand der industriellen Entwicklung in den nordischen Ländern zeigt das Beschäftigungsprofil: 1910 war jeweils der folgende Prozentsatz noch im Agrarsektor beschäftigt: Dänemark: 36, Finnland: 80, Schweden: 49, Norwegen: 39. Um ungebremst am internationalen Warenaustausch teilnehmen zu können, gingen die skandinavischen Länder 1873 zur Goldwährung über (s. 73). Kaufmännische Kalkulationen wurden dadurch auch zukunftssicher.

Schweden entwickelte sich nicht nur zuerst, es konnte sich auch bis 1945 als Werkstatt und Finanzplatz des Nordens etablieren. Das Land blickte auf eine lange Tradition hochentwickelter Metallverarbeitung zurück, verfügte mit der 1827 gegründeten Königlich Technischen Hochschule über eine der ältesten technischen Hochschulen in Europa und hatte in einem ausgebildeten Regierungssystem auch politisch verlässliche Strukturen. Anfangs exportierte Schweden vor allem hochwertigen Stahl in kleineren und Holz in großen Mengen. Viele wichtige Erfindungen spiegeln Unternehmergeist und den hohen Stand der technischen Bildung wider. In den 1870er Jahren begann der Export von Zellwolle für die Papierherstellung. Sie wurde im folgenden Jahrzehnt durch chemisch aufbereiteten Zellstoff ergänzt, den die Ingenieure A. Müntzing und C. D. Ekman erfanden. Gustav de Laval entwickelte Dampfturbinen und Milchzentrifugen. Sein Unternehmen (heute Tetra-Laval) dominierte für ca. 150 Jahre den Weltmarkt für Maschinen zur Milchverarbeitung. J. Wenström konstruierte als Ingenieur bei ASEA (heute zu ABB verschmolzen) als Erster einen Drei-Phasen-Elektrogenerator. L. M. Ericsson gründete sein Unternehmen für Telefonausrüstungen, es ist heute ein führender Ausrüster für Mobilfunknetzwerke, S. G. Wingquist erfand das selbstregulierende Kugellager, die Keimzelle des heute weltgrößten Kugellagerherstellers SKF. Alfred Nobel kam durch seinen Sprengstoff zu Reichtum; am Ende seines Lebens benutzte er diesen dazu, die berühmten Nobelpreise zu stiften. (Er legte übrigens auch die «Arbeitsteilung» fest: In Schweden werden die fachgebundenen Nobelpreise, in Norwegen jedoch der noch angesehenere Friedensnobelpreis vergeben.) Andere Erfinder, die wie Wicander (Stanzmaschine für Flaschenkorken) zu Reichtum gelangten, sind inzwischen vergessen. Diese Erfindungsdichte ist bemerkenswert für ein kleines Land. Ähnliches finden wir nur noch in der Schweiz, die, ebenso wie Schweden, frühzeitig auf eine hohe technische Bildung setzte. Und ähnlich wie in der

Schweiz gab es in Schweden große Banken, die die Wirtschaft durch langfristige Investitionen unterstützten. Hier ist vor allem Enskilda Banken der Familie Wallenberg zu nennen. Bank und Familie beherrschen noch heute große Teile der schwedischen Wirtschaft. Schweden wurde schon vor 1914 zum Kapitalexporteur und nahm durch Direktinvestitionen an der Industrialisierung Finnlands und Norwegens teil. In Oslo war es die Creditbank und in Kopenhagen die Privatbank unter C. F. Tietgen, welche zeitweilig eine ähnlich starke Stellung in ihrem Land einnahmen.

Völlig anders verlief die Industrialisierung in Norwegen. Dieses Land hatte bis 1914 praktisch eine gespaltene Wirtschaft, eine maritime, nach außen gewandte sowie einen wenig entwickelten Agrarsektor. Letzterer wurde an der Küste durch die Kombination von Landwirtschaft und Fischfang variiert (*Strile*, Fischbauern), jedoch blieb ein erheblicher Teil der Bevölkerung der geldarmen Subsistenzwirtschaft verhaftet. Der maritime Sektor war einerseits durch die drittgrößte Handelsflotte der Welt gekennzeichnet. Diese Schiffe liefen im sog. Trampverkehr jene Häfen an, in denen sie Aufträge bekamen; das waren selten norwegische. Ebenso wichtig war andererseits der Fischfang. Dabei waren die Fischereischiffe klein, die Fangmethoden traditionell. Im Küstenstreifen beschäftigten sich zwischen 60 und 70 % der männlichen Bevölkerung haupt- oder nebenberuflich mit Fischfang. Ähnlich wie zu Hansezeiten wurden enorme Mengen in das Ausland exportiert – bis die Bestände am Ende des 19. Jh.s plötzlich zusammenbrachen. Einen gewissen Ausgleich brachte der Walfang, der mit der 1868 im Lande erfundenen Harpunenkanone die persönliche Gefahr der Walfänger ebenso verringerte, wie sie die Fangmengen vergrößerte.

Auch aus Norwegen wurden große Mengen Holz vornehmlich nach England exportiert. Norwegen verfügte über verschiedene Erzvorkommen, die aber in der Regel von ausländischen Unternehmen ausgebeutet wurden. Um den Besitz des «weißen Goldes» (Wasserkraft) im Lande zu halten, erließ der Storting ein Gesetz, dass nur Norweger Wasserfälle erwerben könnten. In den letzten 20 Jahren vor 1914 hatte sich geradezu ein Run auf die Wasserfälle entwickelt, die zur Elektrizitätserzeugung genutzt wurden, um mit ihrer Hilfe elektrochemische Produkte zu erzeugen. Die Elektrochemie war ein vollkommen neuer Industriezweig. In der Kombination der beiden wissenschaftsbasierten Industrien Chemie und Elektrotechnik repräsentierte sie die Spitzentechnologie. Mit ihrer Hilfe konnten neue Produkte wie z. B. Aluminium oder Kunstdünger hergestellt werden. Die Norweger Eyde und Birkeland (Letzterer ist auf den 200-Kronen-Scheinen abgebildet) hatten ein Verfahren erfunden, den Stickstoff der Luft mittels eines elektrischen Lichtbogens zu Düngemitteln zu verarbeiten (Norgesalpeter). Sie konnten aber die erforderlichen finanziellen Mittel im Lande nicht auftreiben. Theoretisch hätte das Kapital von den Reedern kommen können, diese zeigten aber kein Interesse. Mit Hilfe französischen und schwedischen (Wallenberg) Kapitals konnte schließlich die Norsk Hydro gegründet werden. Das Unternehmen ist heute noch die zweitgrößte Firma des Landes. Hydro ist wie die Reedereien ein Symbol für die dissoziierte Entwicklung der Wirtschaft. Das Kapital kam von außen, und fast alle Produkte wurden exportiert. Die Vernetzung zum Lande hin war gering und damit auch die Möglichkeit, Impulse für den industriellen Aufbau zu geben. Diese Trennung wurde infolge des Ersten Weltkrieges überwunden.

In Finnland, Dänemark und Island erfolgte eine langsame, Importe substituierende Industrialisierung. In Island war sie weitgehend auf den Fischfang gerichtet, in Dänemark auf die Landwirtschaft. Im 19. Jh. war Dänemark zu einem bedeutenden Getreideexporteur aufgestiegen, bevor es durch den amerikanischen und später auch russischen Weizen verdrängt wurde. Die Dänen reagierten nicht mit der Einführung von Zöllen, um den Binnenmarkt zu schützen, sondern passten sich an neue Nachfrageprofile an (Milchprodukte, Schweinefleisch; der Schweinebestand wuchs von 1861 bis 1903 um das Fünffache auf 1,5 Mio.). Schlachthäuser und Meiereien wurden gebaut. Die Brauindustrie nahm Aufschwung – bis heute: Carlsberg ist eines der weltweit führenden Brauereiunternehmen. Im Schiffbau gründete C. F. Tietgen die Maschinenfabrik Burmeister og

Wain, die heute mit MAN verschmolzen ist. Eine Ausnahme stellte die «Store Nordiske Telegrafselskab» dar, die ebenfalls von Tietgens gegründet wurde, weil sie sich als frühes transnationales Unternehmen hauptsächlich im Ausland engagierte. Sie organisierte den gesamten Telegrafensektor des Zarenreiches.

Finnland war bis 1914 am wenigsten industrialisiert. Doch auch hier war der Grund gelegt. Die finnische industrielle Revolution basierte fast ausschließlich auf dem Holz, welches zuerst als Rund-, dann als Schnittholz exportiert wurde. Später kamen höhere Veredelungsstufen (Papiermasse und Papier) hinzu. Die entsprechenden Maschinen kamen allmählich aus dem eigenen Land. Heute gehört die finnische Firma Valmet zu den führenden Herstellern für Papiermaschinen. Trotz der Import substituierenden Entwicklung blieben die Handelsbeziehungen zu Deutschland eng, so wurde z. B. der Kaffee in Hamburg gekauft und nicht direkt in den produzierenden Ländern.

Bevölkerungsexplosion und neue soziale Klassen

Parallel zur Industrialisierung vollzog sich der «Demografische Übergang». Dies ist eine Phase, in welcher eine herkömmliche Bevölkerungsstruktur in eine moderne übergeht, sie stellt ein weltweites Phänomen dar. Heute vollzieht sie sich in Entwicklungsländern. Die traditionelle Bevölkerungsstruktur ist von vielen Geburten und einer hohen Kindersterblichkeit geprägt. Im Demografischen Übergang sinkt die Sterberate (sowohl der Kinder als auch der Erwachsenen) auf Grund besserer Lebensbedingungen (Hygiene, Ernährung, Medizin usw.) stark ab. Zugleich wird die hohe Geburtenrate noch beibehalten. Sie sinkt meistens erst im Laufe einer Generation und liegt dann ähnlich wie vor dem Übergang geringfügig über der Sterberate. Während der Phase des Demografischen Übergangs wächst die Bevölkerung eines Gebietes sprunghaft an. Diese Phase setzte im Norden in der zweiten Hälfte des 19. Jh.s ein. Die Bevölkerung Schwedens wuchs von 3,5 auf 5 Mio., die dänische von 1,5 auf 2,5 Mio. (ohne Schleswig-Holstein) und die norwegische von 1,5 auf 2,25 Mio. Diese Mengen konnten nicht in der traditionellen Landwirtschaft beschäftigt werden. Obwohl auch die Landbevölkerung stark zunahm, wuchs die städtische noch schneller: In Dänemark stieg der Urbanisierungsgrad von 20 auf 39 %, in Schweden von 10 auf 21 % und in Norwegen von 12 auf 28 %. Gleichzeitig setzte eine Massenemigration vor allem in die USA ein. 1882, im Jahr ihres Scheitelpunkts, wanderten 50 000 Schweden und 30 000 Norweger aus; insgesamt emigrierten ca. 1 Mio. Schweden und 350 000 Finnen. Oft erhielten sie ihre Beziehungen zur Heimat aufrecht, sodass es z. T. noch heute familiäre Bindungen über den Atlantik hinweg gibt. Dieses Verhalten steht im Gegensatz zu dem der deutschen Amerikaauswanderer, die sich traditionell schon in der zweiten Generation vollständig assimilierten.

Die Industrialisierung schuf auch in den nordischen Ländern die neuen Klassen der Industriearbeiter und Kapitaleigner (Bourgeoisie), deren Gegensatz Karl Marx so eingehend beschrieben hat. Während die Gesamtbevölkerung in der zweiten Hälfte des 19. Jh.s jeweils um ca. 50 % zunahm, verdoppelte sich die Zahl der Industriearbeiter zwischen 1875 und 1900; sie wuchs also erheblich schneller. Im Gegensatz zu Deutschland, wo die Klasse der Kapitaleigner schwerer Zugang zu gesellschaftlich angesehenen Stellungen oder Ehren bekam und deshalb teilweise Verhaltensweisen des Adels nachahmte, hatte die Bourgeoisie in Skandinavien weniger Probleme, sich zu integrieren und an politisch entscheidende Stellen zu gelangen. Am deutlichsten wird dieser liberale Zug in der Person des Großreeders Christian Michelsen aus Bergen, der als norwegischer Ministerpräsident 1905 die Souveränität seines Landes durchsetzte.

Wie überall waren die Lebens- und Arbeitsbedingungen besonders zu Beginn der Industrialisierung hart. Der Arbeitstag hatte normalerweise 12 Stunden, es gab keinen Urlaub und keine Versicherung, die bei Arbeitslosigkeit, Unfall, Krankheit oder Alter zu zahlen begonnen hätte. Auch als es gegen Ende des Jahrhunderts gelungen war, höhere Löhne und kürzere Arbeitstage durchzusetzen, blieben die Wohnverhältnisse bescheiden. Eine

Untersuchung unter Stockholmer Arbeiterfamilien zeigte 1895, dass 17% in einer Einraumwohnung ohne Küche lebten, 42% eine Küche besaßen und 26% Küche und zwei Zimmer zur Verfügung standen. Die Lage der Arbeiterfamilien in Berlin oder Wien war nicht besser, Schweden war auf einem international fortgeschrittenen Niveau angelangt.

In den politischen Systemen Dänemarks und Norwegens etablierten sich liberale Parteien, die sich Venstre (Linke) nannten, während die schwedischen Liberalen als solche auftraten (Liberala Samlingspartiet). Das Nordische Modell der Gesellschaft ist aus der Arbeiterbewegung entstanden; es soll deshalb hier skizziert werden. In allen Ländern entstanden sozialistische Parteien, in Dänemark 1876 die DSP (Dansk Socialdemokratisk Partiet), der die DnA (Det norske Arbeiderparti) in Norwegen 1887 und die schwedische SAP (Socialdemokratiska Arbetarepartiet) erst 1889 folgten. Während die ältere dänische Partei sich unabhängig von der Gewerkschaft entwickelte, fusionierte in Schweden und Norwegen die politische mit der wirtschaftlichen Bewegung: Wer in die Gewerkschaft eintrat, wurde automatisch Mitglied der Sozialdemokraten/Sozialisten und umgekehrt. Alle Parteien orientierten sich an der deutschen SPD, die weltweit die führende Kraft der sozialistischen Parteien geworden war. Sie übernahmen auch mit Variationen die jeweils ideologisch fundierte Politikrichtung; anfangs offen, seit den 1890er Jahren stärker marxistisch (1891 Erfurter Programm der SPD), dann sozialreformerisch; wobei im Vergleich zu Deutschland die Tendenz zu praktikablen, liberalen und weniger ideologisch begründeten Haltungen dominierte. Bis 1914 stiegen alle Parteien zu führenden politischen Kräften in ihrem Land auf. In Schweden stellten die Sozialdemokraten ein Drittel, in Dänemark und Norwegen jeweils ein Viertel der Parlamentarier. Selbst in dem weniger industrialisierten Norwegen stieg die Zahl der Mitglieder von 12 000 (1900) auf 57 000 innerhalb von zehn Jahren. Entsprechend der großen internationalen Debatte der sozialistischen Parteien um das Mittel des Generalstreiks wurden in Schweden schon 1902 ein politischer Generalstreik und ein weiterer 1909 organisiert. Das galt auch im

internationalen Maßstab als sehr fortschrittlich und kampf-
stark. Große Streikkämpfe entstanden auch 1911 in Dänemark
und Norwegen. Die Aktivitäten führten zum punktuellen Ausbau von Arbeitsschutzbestimmungen, Erleichterungen für Kran-
ken- und Rentenversicherungen und nicht zuletzt zum Abschluss
von Tarifverträgen. Damit waren die Gewerkschaften als offizielle Vertreter der Arbeitnehmer anerkannt. Diesen Status erreichten sie in Deutschland erst am Ende des Ersten Weltkrieges,
als Zugeständnis, um sozialistischen Umtrieben das Wasser ab-
zugraben. In den skandinavischen Parteien setzte sich schon vor
1914 der Revisionismus (Abkehr vom Sozialismus) durch; der
bedeutendste Arbeiterführer wurde der Schwede Hjalmar Branting (s. 69).

Aufschwung in Kunst, Wissenschaft und geistigem Leben

Die Phase des modernen Nationen- und Staatsaufbaus, der Be-
völkerungsexplosion sowie der wirtschaftlichen und sozialen
Umwälzungen ging einher mit einem großen künstlerischen und
wissenschaftlichen Aufschwung, deren Träger hier nur in einem
kleinen Ausschnitt vorgestellt werden können. Generell war der
kulturelle Einfluss Deutschlands vorherrschend vor britischen
oder französischen Impulsen. Angehende Wissenschaftler stu-
dierten in Deutschland, dorthin zog es auch die Künstler, um
Anregungen zu bekommen. Besonders enge Beziehungen existierten auf kirchlichem Gebiet, da die protestantische Kirche im
Norden vorherrschend war. Deutsch war die vorherrschende
Fremdsprache, die Organisation von Hochschulen und Univer-
sitäten erfolgte nach deutschen Mustern usw. All dies sollte
1940 schlagartig mit dem deutschen Überfall auf Dänemark
und Norwegen abbrechen.

Die Romantik erlangte im Norden eine besonders starke Stel-
lung, politisch war sie stark mit dem Prozess zur nationalen
Selbstfindung verknüpft. Die Werke des Dänen Adam Gottlob
Oehlenschläger strahlten im ganzen Norden aus. Die attraktive
Kunstakademie in Kopenhagen zog auch deutsche Romantiker
an (u. a. C. D. Friedrich, Ph. O. Runge). In Hans Christian An-

dersens Werken deutet sich allerdings schon Sozialkritik an. Henrik Wergeland begründete die romantische Literatur in Norwegen, auf die u. a. Bjørnstjerne Bjørnson reflektierte. Auf der Grundlage bäuerlicher Dialekte schuf Ivar Åsen eine norwegische Nationalsprache, die nach seiner Vorstellung das dänisch geprägte *bokmål* ablösen sollte. Seitdem gibt es zwei Sprachen, die nach langem Kampf als gleichberechtigt anerkannt sind. *Bokmål* wird von ca. 85% der Bevölkerung bevorzugt, während *nynorsk* auf einen Anteil von 15% kommt. Zu einer nationalen Tat wurde auch die Veröffentlichung des finnischen Volksepos *Kalevala* («Land der Helden») 1835. Dagegen trat der dänische Philosoph Sören Kierkegård mit einer radikalen Kritik an der Gesellschaft hervor. Henrik Ibsen schlug eine Brücke von der Romantik zum Naturalismus, als deren Vertreter auch August Strindberg gelten kann. Selma Lagerlöf (Nobelpreis 1909, sie ist auf dem schwedischen 20-Kronen-Schein abgebildet) und Knut Hamsun gelten dagegen als Neuromantiker. Als Maler wurde vor allem Edvard Munch bekannt, und als Komponisten traten Edvard Grieg, Carl Nielsen (vertreten auf dem dänischen 100-Kronen-Schein) und Jean Sibelius hervor.

Neben den o. g. Unternehmensgründern sind besonders der norwegische Mathematiker Niels Henrik Abel, der die Theorie der Integrale algebraischer Funktionen, sowie Hans Christian Ørsted, der den Erdmagnetismus entdeckte, zu nennen. In Ehrung seiner Verdienste um die Optik wurde die Messeinheit der Wellenlänge des Lichts nach dem Schweden Ångström benannt. Die Norweger Fridtjof Nansen und Roald Amundsen (erster Mensch am Südpol) wurden weltberühmte Polarforscher, der Schwede Sven Hedin ein ebenso berühmter Asienkundler. Ihm wurde 1902 die Ehre zuteil, als Letzter in Schweden geadelt zu werden.

Diese und viele andere Spitzenleistungen wurden international wahrgenommen. Doch für die Bevölkerung lagen andere geistige Bewegungen näher. Hier ist z. B. die Ausbreitung der Volkshochschulen zu nennen. Die Bewegung war 1844 in Dänemark von dem Theologen N. F. S. Grundtvig gegründet worden, auch um in Schleswig das dänische Nationalgefühl zu stärken.

Die Idee war, nicht (nur) den erwachsenen Schülern Lesen und Schreiben beizubringen, sondern sie national und emotional zu stärken, aber auch Praktisches wie Verbesserungen in der Landwirtschaft zu lehren. In den 1860er Jahren verbreitete sich die Initiative nicht nur in ganz Dänemark, sondern auch in Norwegen und Schweden. Von Schweden und Norwegen ausgehend machte sich ebenfalls in den 1840er Jahren die Anti-Alkoholkonsum-Bewegung bemerkbar. In Finnland bekam sie auch eine politische Note, da die russische Regierung den Absatz von russischem Wodka förderte. Der erste Anti-Alkohol-Kongress wurde 1847 in Kopenhagen durchgeführt. Insbesondere die Kirche engagierte sich hier. Privates Schnapsbrennen wurde zu dieser Zeit in Norwegen und Schweden verboten.

Natürlich hatte der nordische Protestantismus enge Beziehungen zum deutschen. So war es nicht verwunderlich, dass die Bewegung der Inneren Mission übernommen wurde. Hier ging es um soziale und religiöse Arbeit zur Stärkung besonders der unteren sozialen Schichten. Die Staatskirche initiierte und überwachte die Arbeit, aber sie wurde von Laien durchgeführt. Durchaus nicht alle, die sich anboten, wurden ordiniert (beauftragt), sodass Angehöriger der Inneren Mission zu sein auf der Gemeindeebene Auszeichnung, Anerkennung und damit soziale Autorität darstellte. Um 1900 hatte die Innere Mission in Dänemark im ganzen Land 400 Zentren errichtet. Gleichzeitig forderten verschiedene neue religiöse Strömungen die Staatskirche heraus; in Norwegen die puritanischen Haugianer (s. S. 49), in Finnland die Anhänger der Erweckungsbewegung von Ruotsalainen, in Dänemark und Schweden Baptisten, Quäker und Mormonen. Im ganzen Norden wurden Glaubensfragen auch weiterhin außerordentlich ernst genommen.

5. Das Zeitalter der Weltkriege (1914–1945)

Die Chancen der Neutralität (1914–1918)

Das ausgehende 19. Jh. hatte die großen Probleme der folgenden Phase schon formuliert (Demokratie, soziale Gegensätze, wirtschaftliche Entwicklung, Neutralität, internationale Außenpolitik), aber gleichzeitig schon mögliche Lösungswege aufgezeigt, von denen einige dann auch beschritten wurden.

Obwohl es vor 1914 verschiedene Krisen gegeben hatte, die beinahe einen Krieg der europäischen Großmächte auslösten, war man in Skandinavien vom Beginn des Ersten Weltkrieges überrascht. Einigkeit bestand darin, die Neutralität beizubehalten. Auf Initiative des schwedischen Königs trafen sich die drei Monarchen im Dezember 1914 in Malmö, um sich dieser Linie gegenseitig zu versichern; 1917 wurde ein solches Treffen wiederholt. Abgesehen von der politischen Neutralität verteilten sich die Sympathien ungleich auf die Kriegführenden; Norwegen neigte zu England, Schweden mehr zu Deutschland. Die genannten Treffen ohne Beteiligung anderer neutraler Staaten wie z. B. der Schweiz oder der Niederlande zeigen, dass sich in Skandinavien ein Gefühl der Zusammengehörigkeit entwickelt hatte, das auch politisch mobilisierbar war.

Bis 1916 ging es den drei Staaten geradezu prächtig. Beide Kriegsbündnisse rissen ihnen die Waren aus den Händen, für die Entente wurde die norwegische Handelsflotte – immerhin die drittgrößte der Welt – zu einem wichtigen Faktor. Das Aktienkapital in Schweden belief sich 1914 addiert auf 1,7 und 1918 auf 2,5 Mrd. Kronen. Die dänische Ostindische Kompanie, traditionell die größte heimische Handelsgesellschaft, schüttete allein 1916 30% Dividende aus. Dann aber wuchs der Druck der Entente, den Warenaustausch mit Deutschland zu begrenzen und einzustellen. Auf amerikanische Initiative trat Dänemark seine Besitzungen in der Karibik (Jungferninseln) an die USA ab. Die USA erklärten dagegen, sie hätten keine Bedenken, wenn Dänemark seine Souveränität über ganz Grönland erklären würde. 1916/17 unterzeichneten Repräsentanten aus allen drei Staaten Vereinbarungen mit der Entente. Der uneingeschränkte U-Boot-Krieg, den Deutschland in jenem Jahr begann, kostete ca. 25 % der norwegischen Tonnage und forderte das Leben vieler Seeleute. Die Zwangsmaßnahmen der Entente sowie der knappe Transportraum führten in der zweiten Hälfte des Krieges zu erheblichen Ernährungsengpässen; sogar im Agrarstaat Dänemark mussten ab 1917 Brot, Mehl, Butter und Speck rationiert werden. Kurz nach dem Krieg rutschte die Weltkonjunktur in eine tiefe Krise, sodass die «mageren Jahre» die «fetten Jahre» zu einem guten Teil «auffraßen».

In Finnland war die Entwicklung durchaus dramatischer. Das Land hatte sich am 6.12.1917 für unabhängig erklärt, und diese Unabhängigkeit war von Lenin großzügig bestätigt worden. Für ihn war es aber nur eine Frage kurzer Zeit, bis Finnland als sozialistische Republik wieder mit dem sozialistischen Russland zusammengehen würde. In der Tat brach ein Bürgerkrieg aus, und finnische Kommunisten nahmen schon im folgenden Monat, von russischen Bolschewiki unterstützt, die Hauptstadt Helsinki und große Teile des Südens unter ihre Kontrolle. Die finnischen «weißen» Truppen unter General von Mannerheim wurden heimlich von bürgerlichen Kreisen aus Schweden unterstützt. In ihrem Kern bestanden sie aus den 2000 finnischen «Jägern», die als Freiwillige auf deutscher Seite gegen Russland gekämpft hatten und 1917 schleunigst heimgerufen wurden. Die größte militärische Hilfe wurde Finnland aus Deutschland zuteil. Im Rahmen des Krieges gegen Russland landete im April 1918 die «Ostseedivision» unter General von der Goltz mit 10 000 Mann in Hanko, der Südwestspitze von Finnland. Innerhalb weniger Tage konnten die finnischen Weißen und die deutschen Truppen Helsinki zurückerobern: Damit war die militärische, nicht aber die politische Macht der finnischen «Roten» gebrochen. General von Mannerheim, unter dem die selbständige Existenz des Staates erkämpft wurde, wird seitdem als

Nationalheld verehrt. Historiker schätzen, dass der Bürgerkrieg
30 000 Menschen das Leben gekostet hat.

Die politische Entwicklung in der Zwischenkriegszeit

Die Jahre 1916 bis 1920 waren nicht nur in Finnland eine Phase
politischer Instabilität, sondern auch in den anderen skandinavischen Ländern; die russische Revolution besaß durchaus
Strahlkraft. In allen drei Ländern wurden Verfassungs- bzw.
Wahlrechtsreformen durchgesetzt, die vor allem den ärmeren
Schichten und den Frauen zugutekamen. 1924 wurde in Dänemark als erste Frau in Skandinavien die Historikerin Nina Bang
zur Ministerin (für Unterricht) berufen. Generell blieben die Regierungen instabil. Schweden verzeichnete 1920–1932 neun
Regierungswechsel, Norwegen sogar elf (bis 1935), d. h., es trat
durchschnittlich fast jedes Jahr eine neue Regierung ihre Arbeit
an. Trotzdem gab es drei strukturelle Tendenzen, die über alle
Brüche der Tagespolitik anhielten: 1. Die Arbeiterbewegung
wurde politisch stärker. Dies galt sowohl für die Gewerkschaften und die Arbeiterparteien als auch für die Genossen-
schaftsbewegung. Die Genossenschaften wurden teilweise als
die dritte Säule der Arbeiterbewegung aufgefasst. Sie waren
zwar primär Organisationen zur wirtschaftlichen Selbsthilfe.
Gleichzeitig repräsentierten sie jedoch eine politische Dimension: Indem man seine Geschäfte mit der eigenen Genossenschaft abwickelte, half man sich gegenseitig. Gleichzeitig entzog
man dem kapitalistischen System Umsatz und Profit. Manche
Arbeiterführer waren davon überzeugt, dass der Sektor der Genossenschaften eines Tages den kapitalistischen überwuchern
würde, der Kapitalismus auf diese Weise also untergraben werde. In jedem Fall war es moralischer, bei einer Genossenschaft
als in einem privaten Laden zu kaufen. Es wurden nicht nur
Konsumgenossenschaften für den täglichen Warenbedarf gegründet, sondern viele weitere Arten (z. B. Wohnungsbau-, Kre-
ditgenossenschaften usw.).
  Generell gab es zwischen der anwachsenden Sozialdemokratie und den bürgerlichen Parteien starke Auseinandersetzungen,

die sich über die gesamte Zwischenkriegszeit erstreckten. Doch gab es auch Berührungspunkte und sogar gemeinsame Regierungsarbeit. Hier herrschte eine pragmatische Linie vor. Sie mag an einem bescheidenen, doch charakteristischen Beispiel dargestellt sein: Der Vorsitzende der schwedischen Arbeiterpartei Hjalmar Branting bekleidete 1917 für einige Monate das Amt des Finanzministers. Nun war es Vorschrift, dass Regierungsmitglieder in der lutherischen Staatskirche sein sollten; Branting war aber bekennender Methodist. Nach einigem Suchen fand man jedoch keinen Beleg, dass er offiziell aus der Staatskirche ausgetreten war. Daraufhin wurde Branting Minister.

Als Partei wurden die Sozialdemokraten im Laufe der Jahre überall zur stärksten Fraktion im Parlament. Der Sozialdemokrat Hjalmar Branting konnte bereits 1919 in Schweden für kurze Zeit eine Regierung bilden. 20 Jahre später war eine sozialdemokratische Regierung bzw. Regierungsbeteiligung keine Ausnahme mehr, sondern die Regel.

In Finnland war die politische Situation turbulenter. 1919 kam es erneut zum Krieg mit Russland. Im Frieden von Dorpat (Oktober 1920) wurde die Grenze festgelegt: Ostkarelien blieb russisch, Finnland erhielt mit Petsamo einen Zugang zum Eismeer im Norden. Zwischen 1922 und 1930 stellten die Kommunisten einen wichtigen Faktor dar, der wiederum eine rechtslastige, antikommunistische Bewegung (Lappo) hervorrief. Nach ihrem missglückten Putschversuch 1932 wurde sie zwangsweise aufgelöst. Im Laufe der Zeit wuchs auch in Finnland die sozialdemokratische Anhängerschaft. In den 1930er Jahren konnte die finnische Sozialdemokratie mit der Bauernpartei die Regierung stellen; die politisch unruhigen 1920er Jahre waren einem stetigeren Kurs gewichen. Außenpolitisch versuchte die Republik sich an Skandinavien anzuschließen, 1934 nahm Finnland erstmalig an einem skandinavischen Ministertreffen teil.

2. In Norwegen, Finnland und Schweden entstand zeitgleich mit den USA eine starke Bewegung gegen den Alkoholkonsum, nicht aber in Dänemark, welches in dieser Frage stärker kontinentalen Verhaltensmustern verhaftet blieb. Norwegen verbot

auf Grund einer Volksbefragung 1919 Herstellung und Verkauf von Schnaps, und auch in Finnland wurde die Prohibition im gleichen Jahr eingeführt. Dagegen lehnten die Schweden in ihrer Volksbefragung 1922 das Alkoholverbot ab. Stattdessen wurden ein Staatsmonopol und rationierter Verkauf eingeführt. Wie in den USA waren die Konsequenzen überwiegend negativ. Missbrauch von medizinischen Rezepten, Schmuggel und Schwarzbrennerei grassierten und leisteten damit dem Aufschwung des illegalen Milieus Vorschub. Norwegen schaffte nach einer erneuten Volksbefragung die Prohibition 1926 wieder ab, Finnland folgte 1932. Stattdessen übernahm man die schwedische Lösung des sehr teuren Alkohols und der staatlich kontrollierten Abgabe in speziellen Läden. Heute sind diese Regeln in allen Ländern aufgeweicht, sodass man z. B. Bier auch in normalen Lebensmittelläden bekommt. Diese Lockerung ist überall erst in langwierigen und schwierigen politischen Prozessen erreicht worden. Wie zäh einige Staaten gegen den Alkoholkonsum kämpften, wird in einem Kompromiss deutlich, der z. Zt. in Norwegen gilt: Zwar darf Bier verkauft werden, aber als einzige Ware nicht mehr nach 18 Uhr, obwohl die Läden bis 21 Uhr geöffnet sind (das Bier wird dann mit einer Plane abgedeckt). Ein entspanntes Verhältnis zum Alkoholkonsum hat sich unter diesen Umständen bis heute nicht einstellen können. Während in anderen europäischen Ländern – einschließlich Dänemark – ein Betrunkener als eine unangenehme, möglicherweise hilfsbedürftige Person angesehen wird, also Abscheu oder Mitleid erregt, versucht in den ehemaligen Prohibitionsstaaten immer noch ein Teil der Jugendlichen seinen Protest gegen die Gesellschaft durch öffentliches Betrunkensein auszudrücken. Andererseits hat sich als positives Element die Null-Promille-Regel für Autofahrer durchgesetzt.

Eine dritte politische Gemeinsamkeit im Norden war die Neutralität, die mit großen Hoffnungen, die in den Völkerbund gesetzt wurden, einherging. Der Völkerbund war als Teil des Versailler Vertrages 1919 etabliert worden. Seine vornehmsten Aufgaben sollten die Überwachung dieses Vertrages und die Verhinderung von Kriegen sein. Hierfür bot er ein internationales Forum, auf dem Konflikte unter Vermittlung Dritter oder durch Urteilsspruch des Völkerbundrates oder des Internationalen Gerichtshofes in Den Haag friedlich gelöst werden konnten. Natürlich maßen die kleinen neutralen Staaten diesem neuen Instrument von vornherein große Bedeutung bei, denn auf dieser Ebene, die den Machtfaktor auszuschalten versuchte, waren sie gleichberechtigt. Schweden brachte sofort den Ålandkonflikt vor den Völkerbund. Die Ålandinseln liegen auf der Höhe von Stockholm zwischen Schweden und Finnland, sie sind bis heute ausschließlich schwedisch besiedelt, waren aber 1808 an Russland gefallen und wurden damit 1917 finnisch. In einer Volksabstimmung entschieden sich die Åländer eindeutig für Schweden. Trotzdem bestätigte der Völkerbund die alte Grenzziehung. Helsinki führte für die Inselgruppe eine sehr weitgehende Autonomie ein, die bis heute gilt. Es wäre für Stockholm ein Leichtes gewesen, die Inseln zu besetzen, doch die Regierung beugte sich dem Urteil – und setzte damit auch ein Zeichen für die Bedeutung des Völkerbundes.

Norwegen hatte mit dem Völkerbund mehr Glück. Der Rat sprach Norwegen die Inselgruppe Spitzbergen zu, die wegen ihrer Kohlevorkommen interessant geworden war. Zugleich durften die Russen ihre Bergwerke dort weiter betreiben. Der differenzierte Urteilsspruch umfasste u. a. das Verbot militärischer Befestigungen. Andere Dinge sind weniger klar, sodass es immer wieder zu unterschiedlichen Auffassungen zwischen Norwegen und der Sowjetunion kam. Diese Differenzen halten bis heute an. So will Moskau heute die ökologischen Bestimmungen, die Oslo erlassen hat, nicht in ihrer Gänze anerkennen. Im Norden wird diese Haltung als «Eismeerimperialismus» gekennzeichnet. Gestützt auf die Erwerbung Spitzbergens erhob Norwegen Anspruch auf einen Teil der grönländischen Küste und geriet dadurch in Konflikt mit Dänemark. 1931 besetzten sogar einige Aktivisten symbolisch den Küstenstreifen; am Ende unterwarf sich Oslo aber dem Urteil des Internationalen Gerichtshofs, der 1933 zu Gunsten Dänemarks entschied.

Der bekannte norwegische Polarforscher Fridtjof Nansen wurde Oberkommissar des Völkerbundes für die Heimkehr der russischen Kriegsgefangenen. In dieser Funktion bemühte er sich erfolgreich sowohl um die Kriegsgefangenen als auch um die Rückkehr der «Weißen», die gegen die «Roten» gekämpft hatten. Insbesondere bei der Bekämpfung der Hungersnot in Südrussland erwarb er sich große Meriten. Das Komitee ehrte ihn 1922 mit dem Friedensnobelpreis.

Schweden und insbesondere Finnland fühlten sich latent von der UdSSR bedroht. Beide hielten eine bewaffnete Neutralität für die aussichtsreichste Politik. Norwegen und Dänemark teilten diese Auffassung, investierten aber weniger in ihr Militär, da sie sich weniger bedroht fühlten. Nach 1933 trat mit Hitler-Deutschland eine neue aggressive Macht auf. Die nordischen Länder versuchten infolgedessen, ihre Außenpolitik stärker zu koordinieren, um erfolgreich Abstand von beiden Staaten zu halten. Verglichen mit dem Aufrüstungstempo, das Deutschland, die Sowjetunion und am Ende der 1930er Jahre auch Großbritannien vorlegten, vernachlässigten alle nordischen Staaten ihre Verteidigungsbereitschaft.

Wirtschaftliches Wachstum und Exportabhängigkeit

Die nordischen Länder waren immer auf internationalen Handel angewiesen. Island und Norwegen konnten zu keiner Zeit ihren Bedarf an Brotgetreide aus eigener Produktion decken. Es ist eine Binsenweisheit, dass mit zunehmender Modernisierung die Arbeitsteilung wächst und die Bedeutung des Warenaustausches zunimmt. Nur sehr große Wirtschaftsräume wie die Sowjetunion konnten auf eine weitgehende Autarkie setzen. Die nordischen Staaten konzentrierten ihre Produktion auf Waren, die auf dem Weltmarkt wettbewerbsfähig waren, und importierten dafür andere, die sie selbst nicht in ausreichender Menge und Art herstellten, wie z. B. Maschinen, Getreide usw. Diese Tendenz war keineswegs neu, sie galt schon seit dem Mittelalter, nahm aber mit fortschreitender Entwicklung in ihrer Bedeutung zu. Konkret bedeutete dies, dass die kleinen entwickelten Länder keine andere Wahl hatten, als eine weitgehend liberale Außenhandelspolitik zu treiben: Wer exportieren will, muss auch fremde Waren ins Land hineinlassen. Bis heute hat man darin insgesamt gute Erfahrungen gemacht, aber die entsprechende Politik ist nicht immer leicht durchzuhalten. Eine große Herausforderung war in dieser Hinsicht die Währungspolitik.

Vor 1914 funktionierte die Weltwirtschaft geradezu glänzend. Waren und Zahlungen konnten die Grenzen weitgehend ungehindert überschreiten. Sogar die Menschen konnten dorthin gehen, wo sie Arbeit fanden. Die Möglichkeit der Einwanderung war die Voraussetzung für die massenhafte Auswanderung – eine Freiheit, die auch die Globalisierung nach 100 Jahren nicht wieder erreicht hat. Eine andere Voraussetzung war der freie Kapitalverkehr. Wer das Geld hatte, konnte ausländische Waren kaufen, sie wurden nicht vom Staat zurückgehalten oder ungebührlich verteuert. Hierfür war die Basis durch den Goldstandard gelegt worden. Alle Währungen drückten deshalb eine Relation zum Gold aus. Man konnte damit nicht nur leicht die Krone in Rubel, Lire oder Dollar umrechnen, sondern sicher sein, dass diese Rechnung auch noch im folgenden Jahr gültig war. Internationale Geschäfte wurden dadurch sicher kalkulierbar und günstig.

Infolge des großen Finanzbedarfs suspendierten alle Krieg führenden Staaten die Golddeckung, und auch die skandinavischen Länder wurden später in diesen Strudel hineingerissen. Nach dem Krieg war es erklärtes Ziel aller Beteiligten, so schnell wie möglich zu den Zuständen von 1914 zurückzukehren, um wieder die Phase des Wohlstands zu erreichen. Die Goldwährung war hierfür ein wichtiger Faktor. Da aber inzwischen viel mehr Geld im Umlauf war, als Gold zu seiner Deckung zur Verfügung stand, war das Ziel nur über eine deflationäre Politik zu erreichen. Nicht die Waren, sondern das Geld musste tendenziell teurer werden. Wirtschaftlich fördert eine solche Politik Banken und Investoren und schädigt die Warenherstellung. Warum, wird sich ein Käufer denken, soll ich eine Ware heute kaufen, wenn ich sie morgen billiger und übermorgen noch günstiger bekomme? Kaufzurückhaltung aber bremst den Wirtschaftskreislauf. Mit ihrer Währungspolitik nahmen die Regierungen bewusst kurzfristige Nachteile in Kauf, um langfristig Vorteile zu erlangen. Bemerkenswert ist, dass diese Politik von keiner Regierung und praktisch keiner Partei in Frage gestellt wurde. Schweden gelang diese Anpassung relativ gut, während Dänemark und Norwegen wirtschaftlich litten. Finnland sah sich auf Grund seiner instabilen Lage nicht im Stande, diesen Kurs zu verfolgen, sondern stabilisierte seine Währung auf einem niedrigen Niveau. In der Tat konnten alle in der zweiten Hälfte der 1920er Jahre die Goldwährung wieder einführen, doch die Jahre davor waren wirtschaftlich eine magere Zeit gewesen. In allen Ländern gab es einen hohen Sockel an Arbeitslosigkeit. Trotzdem konnten die nordischen Länder überdurchschnittlich wachsen, wenn es auch keine «Golden Twenties» waren wie in den USA.

Aus kontinentaler Perspektive betrachtet, war die Zeit zwischen den beiden Weltkriegen eine Phase wirtschaftlicher Stagnation, nicht aber aus nordeuropäischer Perspektive. Die größten Wachstumsraten verzeichneten die Sowjetunion und Japan, aber danach kam Nordeuropa. Zwar schrumpften z. B. der Textilsektor und der Getreideanbau, dagegen stieg die Nachfrage nach Spezialmaschinen, Papier und Eisenerz. Die Weltkonjunktur verteilte ihre Karten ungleich, und in der Zwischenkriegszeit fiel – gegen den weltweit glücklosen Trend – das Glück auf Nordeuropa. Ein Blick auf die nachstehende Tabelle zeigt, dass es dem Norden in der Tat nie besonders schlecht ging, wenn man ihn im europäischen Maßstab betrachtet.

Rang* in Europa nach BSP pro Kopf

	1860	1913	1929
Schweden	15	w9	8
Dänemark	10	4	7
Norwegen	5	6	4
Finnland	13	12	12
UK	1	1	3
Deutschland	7	7	9
Frankreich	6	8	6

*Anzahl N = 21. Quelle: Fischer, Nord und Süd, S. 218

In der Zwischenkriegszeit konnte der Norden schneller wachsen als andere Länder (Svennilson 1954). Ein Beispiel ist das reale Pro-Kopf-Einkommen 1937/39 zur Basis von 1913: Frankreich erreichte 110%, Deutschland 114, die USA als der große Kriegsgewinnler 123, Schweden aber 169, d. h. bei weitem am meisten. Dagegen lagen die Zahlen gemessen an der Industrieproduktion noch weiter auseinander: Frankreich 119, Deutschland 144, USA 164, während Schweden die nordischen Staaten mit stolzen 231% anführte!

Gewinn und Verlust lagen in dieser Zeit oft nahe beieinander, sowohl im Großen als auch im Kleinen. Im Großen hatte das bedeutendste dänische Unternehmen der Vorkriegszeit, die Store Nordiske Telegrafselskab, ihren Einfluss verloren. Sie war wie alle anderen Unternehmen in Russland entschädigungslos enteignet worden. Allerdings stand diese Enteignung vorerst auf dem Papier. Da die Sowjets das Informationsnetz dringend benötigten, erhielt die Gesellschaft 1921 eine Verlängerung ihrer Konzession. Doch die Hoffnung auf ein späteres Zusammenbrechen der Sowjetmacht trog. Seitdem dümpelt sie bis heute als mittelgroßer Betrieb vor sich hin.

In Norwegen war die Norsk Hydro das größte Unternehmen. Hydro wurde zwar auf allen Ebenen von Norwegern geführt, befand sich aber in ausländischem Besitz. Die größten Anteilseigner waren die französische Bank Paribas und danach die Wallenberg-Gruppe aus Stockholm. Es zeichnete sich nach dem Ersten Weltkrieg bald ab, dass die elegante Lichtbogenmethode der Hydro zur Stickstoffherstellung gegenüber der Haber-Bosch-Methode der IG Farben nicht konkurrenzfähig sein würde. Damit stand die Existenz des ganzen Unternehmens in Frage. Schließlich musste Hydro eine Lizenz von der IG Farben nehmen, ihr dafür eine Kapitalbeteiligung von 25% einräumen sowie dem internationalen Stickstoffkartell beitreten. Das Flaggschiff der norwegischen Wirtschaft hatte auf diese Weise zwar einen einheimischen Kapitän, doch standen hinter ihm auf der Kommandobrücke ein deutscher Lotse und ein französischer Reeder. Diese Dreiecksbeziehung sollte im Zweiten Weltkrieg eine wichtige Rolle spielen (s. S. 83 ff.).

In Schweden war im 19. Jh. das Sicherheitszündholz erfunden worden. Seine Sicherheit lag in einer Trennung von Zünd- und Reibmasse, die ein versehentliches Entzünden ausschließt. Bis dahin waren Streichhölzer durchaus gefährlich. Schweden exportierte in großem Umfang diese Streichhölzer, verschiedene einheimische Unternehmen investierten aber auch in Produktionsstätten im Ausland. Ivar Kreuger sollte diesen Industriezweig vollständig umkrempeln. Zuerst gründete er zusammen mit seinem Partner Toll das Bauunternehmen Kreuger & Toll, das auch am Bau des bekannten Stockholmer Stadthauses teilnahm. 1917 erfolgte dann die Gründung des Streichholzunternehmens Svenska Tändsticks AB (STAB), welches er in atemberaubendem Tempo zu einem gewaltigen internationalen Streichholz- und Finanzkonzern ausbaute. Auf dem Höhepunkt arbeiteten 250 Fabriken in 43 Ländern für STAB bzw. Kreuger & Toll. Drei Viertel der Weltproduktion kontrollierte der Konzern! Erst am Ende der internationalen Expansionsphase der 1920er Jahre begann Kreuger, weniger auf Wachstum und stärker auf Sicherheit zu setzen. Er diversifizierte, indem er 1929 Svenska Cellulosa Aktiebolaget SCA gründete (noch heute einer der größten Papierhersteller der Welt). Im Jahr darauf übernahm er die Mehrheit an Ericsson. Zu einem wahren internationalen Tycoon wurde er durch sein System der Anleihen. Er verschaffte verschiedenen Regierungen hohe Dollar-Anleihen (insgesamt 387 Mio. $!), deren Rückzahlung er sich dadurch sicherte, dass die entsprechende Regierung ein gesetzlich abgesichertes Monopol auf den Verkauf von Zündhölzern einrichtete. Aus dem Erlös der Streichholzverkäufe waren dann die Anleihen zu bedienen und zurückzuzahlen. 25 Regierungen gingen hierauf ein, darunter auch die deutsche. Hier wurde das Gesetz zur Errichtung der Zündwarenmonopolgesellschaft, an der die deutschen und schwedischen Produzenten je zur Hälfte beteiligt waren, am 29.1.1930 erlassen. Bis die Anleihe 1983 vollständig zurückgezahlt worden war, konnte man in Deutschland (später BRD) nur die Monopolstreichhölzer kaufen.

Kreuger bzw. STAB hatten durchaus nicht die gewaltigen

Mittel, diese Kredite zu finanzieren, sondern verkauften die entsprechenden Wertpapiere an US-Banken bzw. an der New Yorker Börse. Die mit 125 Mio. $ besonders hohe deutsche Anleihe erwies sich im wahrsten Sinne des Wortes als ein tödlicher Kredit. Weil die Weltwirtschaftskrise inzwischen hereingebrochen war, gelang es Kreuger nicht wie sonst, die ausgezahlte Summe anstandslos in Amerika zu refinanzieren. Auch die Londoner und Pariser Finanzmärkte wollten die Anleihe nicht aufnehmen, sodass es zu einer schweren Liquiditätskrise kam, die nur mit Hilfe der Schwedischen Staatsbank überwunden werden konnte. Damit war die Liquidität kurzfristig gesichert, das Finanzproblem aber noch nicht behoben. Gewiss sollte hierfür auch der nächste Coup, ein Monopol in Italien, helfen. Hierfür hatte Kreuger heimlich Aktien von italienischen Streichholzfirmen aufgekauft. Doch bevor es dazu kam, wurde er in seiner Pariser Wohnung am 12.3.1932 ermordet aufgefunden. Mord oder Selbstmord – diese Frage ist bis heute nicht geklärt. Kreugers Tod löste an der Stockholmer Börse den sog. Kreuger-Krach aus, denn niemand konnte sich vorstellen, dass jemand anderes als Ivar Kreuger selbst das komplizierte Finanzimperium aufrechterhalten könne. Es ging infolgedessen Bankrott, und viele Kleinaktionäre verloren ihre Einlagen. STAB überlebte als relativ bescheidene Firma; heute heißt sie Swedish Match.

Trotz aller Schwierigkeiten war die Zwischenkriegszeit für den Norden eine Phase sozialen und wirtschaftlichen Wachstums. Haushalte wurden elektrifiziert, viele erhielten einen Telefonanschluss, fast jeder Haushalt verfügte über ein Radio. Der Tourismus griff um sich, die Zahl der Autos stieg, in Schweden sogar auf das zwölffache (1920: 21 000, 1939: 249 000). Den wöchentlichen Kinobesuch konnten sich die meisten leisten. Die Jazzmusik verbreitete sich nicht nur in Lokalen, sondern besonders durch die Schallplatte. Auch wenn Schweden an der Spitze dieser Modernisierung des Konsumverhaltens stand, ging die Entwicklung in allen Ländern in dieselbe Richtung.

Kunst, Wissenschaft und geistiges Leben nahmen in der Zwischenkriegszeit unterschiedliche Richtungen an und drückten sich in verschiedenen Formen aus. Der Einfluss Deutschlands

ging insbesondere in Dänemark und Schweden zu Gunsten englischer Einflüsse zurück. Bedeutende Schriftsteller waren u. a.
Hjalmar Bergman, Martin Andersen Nexö und Karen Blixen,
Letztere ist auf dem dänischen 50-Kronen-Schein abgebildet.
Von den 500er-Scheinen blicken die beiden Nobelpreisträger
Niels Bohr und Sigrid Undset in Dänemark bzw. Norwegen.
Niels Bohr hat das erste brauchbare Modell eines Atoms entwickelt, während die Romanautorin Sigrid Undset 1928 den
Nobelpreis für Literatur erhielt. Auf dem weit verbreiteten norwegischen 100-Kronen-Schein wird schließlich Kirsten Flagstad,
die international unumstrittene Hochmeisterin der Wagner-
Interpretation, geehrt. Bis zur Weltwirtschaftskrise spielten der
dänische und der schwedische Stummfilm eine große Rolle.
Dänische Filmproduzenten erfanden das Komikerduo Pat und
Patachon, wobei sie sich international anpassungsfähig zeigten:
Der gleiche Film erhielt für Osteuropa ein speziell tragisches
Ende, während die restlichen Europäer erleichtert über ein
Happyend den Kinosaal verlassen konnten. Die Namen der
Filmschauspielerinnen Asta Nielsen, Greta Garbo und Ingrid
Bergman sind vielen Enthusiasten heute noch bekannt.

Kooperation – eine Grundlage des skandinavischen Modells

Die Weltwirtschaftskrise wurde am Donnerstag, den 24. Oktober 1929, durch einen Kurssturz um 12,8 % an der New Yorker
Börse ausgelöst. In Europa galt dagegen der «Schwarze Freitag», weil die New Yorker Nachricht Europa erst nach Börsenschluss erreichte, sodass hier der Krach mit einem Tag Verspätung begann. Die Gründe für die Krise waren sowohl konjunktureller, spekulativer als auch struktureller Art. Spekulationen
mit geborgtem Geld brachen zusammen und vertieften die Krise. Gleichzeitig existierten weltweit große Überkapazitäten sowohl im Agrarsektor als auch in der Industrie, und schließlich
war nach mehreren Jahren positiver konjunktureller Entwicklung der Höhepunkt erreicht. Die Weltwirtschaftskrise entwickelte sich deshalb so desaströs, weil verschiedenartige sich
überlappende Krisen einander potenzierten. Schließlich mach-

ten wichtige Länder in der Bekämpfung der Krise aus heutiger Sicht so ziemlich alles falsch, was man nur falsch machen kann: Um das Budget auszugleichen, schränkten die Regierungen ihre Ausgaben besonders ein. Um ihre eigene Bevölkerung in Lohn und Brot zu halten, errichteten sie Handelsbarrieren, riefen ihre internationalen Kredite zurück usw.

Auch im Norden griff die Krise um sich, Island und Norwegen konnten nicht mehr so viel Fisch verkaufen wie vorher. Das Gleiche galt natürlich für alle andern Warengruppen, die Nachfrage nach Schnittholz und Papier, nach Erz und Schinken ging einfach zurück. Im Jahr 1932 stieg die Arbeitslosigkeit auf über 10%. Da die sozialen Sicherungssysteme noch nicht genug ausgebaut worden waren, bedeutete dies für viele Menschen wirtschaftliche Not bis hin zum Hunger. In Zeiten wirtschaftlicher Not fungiert der Agrarsektor als eine Art «Schwamm», der überflüssige Arbeit aufsaugt. Die Menschen finden dort bei geringer Produktivität eine Beschäftigung. Das Phänomen ist als «verdeckte Arbeitslosigkeit» bekannt, funktioniert indessen nur so lange, wie noch familiäre Beziehungen zur Landwirtschaft bestehen. Dies war im Norden noch häufig der Fall, sodass die tatsächliche Arbeitslosigkeit höher als die der offiziellen Zahlen anzusiedeln ist. Trotzdem schritt die Industrialisierung auch in dieser Zeit fort, wie die folgende Tabelle zeigt.

Bevölkerungsverteilung nach Wirtschaftssektoren in %

	I. Sektor 1920	I. Sektor 1940	II. Sektor 1920	II. Sektor 1940
Schweden	44	29	35	36
Norwegen*	36	26	27	35
Dänemark	33	28	29	33
Finnland	75	63	13	19

* statt 1940 sind die Zahlen für 1950 angegeben

Die vorstehenden Zahlen zeigen vor allem eins: Die Weltwirtschaftskrise stand für ein grundlegendes und großes Problem, das die Regierungen unbedingt zu bearbeiten hatten. Doch welche Möglichkeiten standen zur Verfügung? Länder mit großen Wirtschaftsräumen wie die USA, Großbritannien oder Frankreich schotteten ihren Markt mit Zollmauern ab, andere schufen Nachfrage durch Aufrüstung. Beide Optionen standen dem Norden nicht zur Verfügung. Alle Staaten befassten sich mit der Idee, durch staatlich finanzierte «Notstandsarbeiten» für Beschäftigung zu sorgen. Hier bot sich die damals fast ohne Maschinen arbeitende Bauwirtschaft an. Das Problem war, dass die Krise die Steuereinnahmen hatte zusammenbrechen lassen. Auch der Staat hatte kein Geld. Die Lehre des britischen Ökonomen John Maynard Keynes, nach der die Regierung in Krisenphasen sich Geld leihen und ausgeben solle, um Nachfrage zu schöpfen, war damals noch nicht verbreitet. Trotzdem gaben die nordischen Regierungen, vor allem die schwedische, in dieser Weise Geld aus. Dies half gewiss, die Krise zu überwinden. Ebenso half das spezifische Warenangebot; Papier, Erz usw. wurden stärker nachgefragt als Weizen oder Investitionsgüter. Auch war ein größerer Teil der Kaufkraft als in anderen Ländern erhalten geblieben, dadurch dass die Krise im Norden nicht so tief war. Ohne dass man einen einzelnen Grund isolieren könnte, zeigen die Zahlen, dass der Norden (nach Japan) die Weltwirtschaftskrise vergleichsweise am besten überstand, trotz der hohen Arbeitslosigkeit.

Dennoch war es eine schwierige Situation, und die Konflikte nahmen zu. Die Streikbereitschaft griff um sich, die sozialdemokratischen Parteien erhielten einen großen Zustrom an Wählerstimmen, auch die bürgerlichen und Bauernparteien drängten auf Erleichterungen. Diese wurden in zwei Richtungen gesucht: Importbeschränkungen und soziale Hilfe. So setzte der dänische Sozialminister 1933 die nach ihm benannten Steincke-Gesetze durch, die die Sozialleistungen systematisierten und verbesserten. Island nahm sich als erstes Land der Not der ungewollt Schwangeren an. Dort entstand 1935 das Vorläufermodell für eine Abtreibung aus sozialer Indikation, die in den meisten europäischen Ländern erst 40 Jahre später und unter ganz anderen Bedingungen legalisiert wurde.

Bei den Importbeschränkungen ist das beste Beispiel Norwegen. Dort gründete man 1930/31 Zentralen für Kauf und Verkauf von Milch, Eiern, Speck und Fleisch, die wohl den Abgabepreis dieser Waren erhöhten, aber einen massenhaften Zusammenbruch der Landwirtschaft verhinderten. Es war in der Tat viel billiger – und nicht zuletzt humaner –, der ländlichen Bevölkerung ein Mindesteinkommen zu sichern, was sie auf ihren Höfen hielt, als das Tal der Krise ungeschützt zu durchschreiten. Die Existenz des heutigen Molkereimonopols «Tine» in Norwegen beruht auf den gleichen Überlegungen.

Auch die sozialdemokratischen Parteien zeigten sich kompromiss- und kooperationswillig. Verschiedene Regierungen entstanden aus einem grün-roten Bündnis zwischen der jeweiligen Bauernpartei und den Sozialdemokraten. Letztere wandelten sich im Norden schon zu dieser Zeit von einer Klassen- zu einer Volkspartei und legten damit das Fundament für ihre langen Regierungszeiten nach dem Zweiten Weltkrieg.

Um aus der Krise herauszukommen, waren Arbeitgeber und Arbeitnehmer bereit, ihre traditionelle Konfrontation hintanzustellen. Die Kampfbereitschaft war ohnehin auf beiden Seiten gering, sodass nach und nach der Wunsch nach einer verlässlichen Partnerschaft aufkam. Ein erster Schritt zum Abbau von Konfrontation war das Verbot «wilder» Streiks, welches gleichzeitig mit der Gültigkeit von Tarifabkommen 1928 vom schwedischen Reichstag verabschiedet wurde. Doch der wichtigste Ausdruck dieser neuen Politik waren Kooperationsabkommen zwischen Kapital und Arbeit, von denen das erste 1935 in Norwegen unterzeichnet wurde. Berühmter wurde das Abkommen von Saltsjöbaden, welches die schwedischen Arbeitgeber und Gewerkschaften in dem genannten Badeort in der Nähe von Stockholm 1938 unterzeichneten, weil es einen Eckstein des umfangreichen Gesellschaftsmodells *folkhem* (s. S. 102) darstellte. Dieser Trend zur Kooperation zwischen Arbeit und Kapital war durchaus nichts Spezifisches für den Norden. Eine ähnliche Übereinkunft, der sog. «Arbeitsfrieden», existierte in der Schweiz ab 1937. In den faschistischen Staaten Italien und Deutschland waren beide Seiten ohnehin in der «Arbeitsfront» zwangsvereinigt. Das Spezifische lag in der Freiwilligkeit und in dem allmählich wachsenden Vertrauen, das beide Seiten zueinander entwickelten. Ohne dieses Vertrauen wäre das «Nordische Modell» (s. S. 109 ff.) nicht denkbar gewesen.

Diese Zeit wurde auch zum Höhepunkt für wirtschaftliche Kooperation, insbesondere für Kartelle. Praktisch alle waren der Auffassung, dass Kartelle der Wirtschaft nützen und nicht schaden. Ihre Argumente waren u. a.: Kartelle können die Produktion dem Absatz anpassen, sodass nicht vergebens produziert wird. Sie haben damit einen dämpfenden Effekt auf Krisen, wodurch Entlassungen minimiert werden können. Sie geben – mit gleichem Effekt – auch kleineren Unternehmen und solchen, die sich in einer temporären Krise befinden, eine Chance. Natürlich heben Kartelle die Preise an, aber dieser Nachteil tritt hinter den genannten Vorteilen zurück, insbesondere, wenn die Kartelle staatlich registriert sein müssen und einer Missbrauchsaufsicht unterliegen. Darüber hinaus vergrößern Exportkartelle das nationale Einkommen. Auf dieser Basis wurden viele Kartelle, von der norwegischen Sardinenfischerei der bis zur nordischen Papierindustrie, gegründet. Für die Letztere war das Scankraft-Kartell bemerkenswert, weil es eines der bestorganisierten der Welt war. Die finnische Papierindustrie hielt an dieser Praxis sogar bis in die 1990er Jahre fest.

Unter diesen Umständen ist die Initiative zur sog. Oslo-Konvention leicht nachvollziehbar. Diese von der norwegischen Regierung vorgeschlagene Idee war simpel und logisch. Die kleinen entwickelten Staaten wurden von den großen einzeln wirtschaftlich unter Druck gesetzt. Zusammengeschlossen wären sie aber ebenbürtige Partner gewesen. Die nordischen Staaten sowie Belgien und die Niederlande zeigten Sympathie. Alle ließen sich aber durch die sofort erfolgende britische Drohgebärde einschüchtern. Diese Idee der Kooperation konnte ebenso wenig Fuß fassen wie Ideen einer gemeinsamen nordischen Verteidigungsgemeinschaft. Hitler bot allen nordischen Staaten 1939 Nichtangriffspakte an, eine Offerte, die auf großes Misstrauen stieß. Dänemark fühlte sich aber insbesondere wegen Nordschleswig so unter Druck, dass es einwilligte. Genützt hat es den Dänen nichts.

Der Zweite Weltkrieg

Am 23. August 1939 überraschten die Erzfeinde Nazideutschland und Sowjetrussland die Welt mit dem Abschluss eines Nichtangriffspaktes; in einem geheimen Zusatzprotokoll wurden Polen und das Baltikum in zukünftige Interessensphären aufgeteilt. Am 1. September griff Deutschland Polen an; die mit Polen verbündeten Westmächte griffen jedoch nicht aktiv in den Krieg ein, sodass Polen innerhalb eines Monats niedergerungen war. In der zweiten Septemberhälfte marschierte die Sowjetunion in Ostpolen ein. Kurz darauf verlangte die Sowjetunion von Finnland und den baltischen Staaten, dass sie ihr militärische Stützpunkte auf ihrem Staatsgebiet einräumten. Nur Finnland lehnte ab, worauf die Sowjetunion am 30.11.1939 Finnland überfiel und der sog. Winterkrieg begann. Die finnischen Truppen hatten den Angriff erwartet, sie hatten sich hinter der «Mannerheim-Linie» zwischen den Sümpfen auf der Karelischen Landenge verschanzt. In Erwartung eines baldigen Sieges kreierte die Sowjetunion eine Gegenregierung unter dem finnischen Kommunisten Otto Kuusinen und schloss mit ihr einen Beistands- und Freundschaftspakt. Doch wider Erwarten leisteten die Finnen anhaltenden Widerstand. Als der Winter kam, brachten insbesondere die Schijäger den sowjetischen Truppen empfindliche Verluste bei. Auf finnischen Antrag erklärte der Völkerbund die UdSSR zum Aggressor, und Großbritannien und Frankreich erwogen in einer Gesamtstrategie gegen Deutschland und Russland, ein Expeditionskorps nach Finnland zu schicken. Doch inzwischen war es tiefster Winter und die Sümpfe zugefroren; die militärische Führung der Sowjets war ausgetauscht. Gepanzerte Verbände der Roten Armee durchbrachen die Mannerheim-Linie. Das finnische Heer hatte zu dieser Zeit schon ca. ein Viertel seiner Kämpfer verloren, sodass die Lage aussichtslos wurde. Am 12. März 1940 unterzeichnete die Regierung den Friedensvertrag von Moskau, in welchem sie u. a. die Karelische Landenge mit Wiborg abtrat und den Sowjets einen Militärstützpunkt in Hanko (Hangö), dem südwestlichen Zipfel des Landes, einräumte.

Die deutsche Kriegsmarine hatte schon seit vielen Jahren darauf hingewiesen, dass ein Seekrieg viel erfolgreicher wäre, wenn die deutsche Flotte nicht wie im Ersten Weltkrieg in der Nordsee eingeschlossen wäre, sondern direkten Zugang zum Atlantik hätte. Da mit Basen in Frankreich nicht zu rechnen war, spekulierte sie auf Norwegen. Gleichzeitig stellten die Eisenerzlieferungen aus Schweden, die zu einem großen Teil über den eisfreien Hafen Narvik liefen, einen wichtigen Faktor der deutschen Kriegsindustrie dar. Sie stellten ca. 25% des deutschen Bedarfs. Eine Besetzung Norwegens war deshalb aus deutscher Sicht wünschenswert. Das wussten auch die Alliierten, ihr Plan einer Intervention zu Gunsten Finnlands im Norden hätte gleichzeitig die Erzausfuhr nach Deutschland beendet. Beide Seiten waren zur Intervention bereit, Deutschland war mit der Aktion «Weserübung» am 9.4.1940 schneller. Die konkreten Warnungen des norwegischen Botschafters nach Oslo blieben ebenso unbeachtet wie die dänische Beobachtung großer deutscher Flottenverbände auf ihrem Weg nach Norden. Hier war die Wirtschaft weitsichtiger: Hydro hatte zu Beginn des Krieges seine bedeutenden Vorräte an schwerem Wasser (u. a. für Atombombenbau erforderlich) an die Alliierten geliefert, damit es nicht in deutsche Hände fiele.

Aus der Sicht der deutschen Landmacht war Norwegen ohne die dänische «Landbrücke» nicht zu halten, infolgedessen wurde Dänemark gleich mit besetzt. Während Dänemark in der Tat noch «vor dem Frühstück» kapitulierte, kämpften die norwegischen Truppen tapfer gegen die Übermacht. Im Oslofjord scheiterte der Versuch, mit Marinekräften nach Oslo vorzustoßen, nachdem die Norweger den schweren Kreuzer «Blücher» versenkt hatten. Jedoch wurde Oslo durch Fallschirmjäger erobert. Auch die Eroberung der anderen großen Küstenstädte erfolgte schnell, doch der militärische Widerstand im Lande wuchs. Damit war die Spekulation einer «friedlichen Besetzung» wie in Dänemark gescheitert. Britische, französische und polnische Truppen kamen den Norwegern zu Hilfe. Schon am

Tag nach ihrer Landung wurden die deutschen Streitkräfte von britischen, die ebenfalls unterwegs waren, in Narvik angegriffen. Unter ihrem Druck wichen die Deutschen langsam in Richtung schwedischer Grenze zurück. Dagegen konnten sich die Alliierten nach der Landung in Åndalsnes und Namsos nur kurz halten. Der Widerstand währte nicht lange, doch lange genug, um sich als mögliche Dimension des Verhaltens in allen norwegischen Köpfen einzupflanzen, und auch die politischen Notfallregeln konnten angewandt werden. Auf der Flucht vor den deutschen Truppen übertrug das Parlament in einer außerordentlichen Stortingsitzung in dem kleinen Landstädtchen Elverum seine Befugnisse für die Dauer des Krieges auf die Regierung. Ein deutscher Emissär, der mit einer Kapitulationsforderung anreiste, wurde vom König mit einem einzigen, klaren Wort abgewiesen: «*Nei!*» Die Regierung konnte ebenso wie König Håkon VII. kurz darauf nach Großbritannien fliehen. Der König selbst sollte im Verlaufe des Krieges als Symbolfigur des Widerstandes eine zentrale Rolle spielen. Auf Grund seiner Haltung verstummten die seit 1905 anhaltenden Stimmen, die Monarchie in eine Republik zu überführen. Wegen der Niederlage in Frankreich zogen die im Vormarsch begriffenen alliierten Truppen aus dem Raum Narvik am 8. Juni 1940 ab, sodass zwei Monate nach dem Angriff ganz Norwegen von deutschen Truppen besetzt worden war. Britische Truppen landeten im Gegenzug auf den Färöern und Island. Im Gegensatz zu den Deutschen wurden sie nicht als Besatzer, sondern als Garanten der Freiheit betrachtet.

Je nach Art des Widerstandes gestaltete Berlin das Besatzungsregime unterschiedlich. In Norwegen lag die Regierungsgewalt bei Reichskommissar Terboven, der mit dem Führer der Nationalistischen Partei (Nasjonal Samling) Vidkun Quisling kooperierte. In Dänemark blieb die einheimische Regierung im Amt. Infolge zunehmenden Widerstandes wurde ab 1943 auch dort die Regierungsgewalt von der Besatzungsmacht übernommen. Verglichen mit den im Osten besetzten Gebieten war die Besatzungsherrschaft im Wesentlichen korrekt; so wurden z. B. die meisten norwegischen Kriegsgefangenen entlassen.

Doch mussten sich beide Länder den deutschen Forderungen beugen.

Welcher Art waren diese Forderungen? 1) Export von überschüssigen Nahrungsmitteln nach Deutschland. Dänemark lieferte ca. 10% des deutschen Verbrauchs an Butter und Schweinefleisch! 2) Befestigung gegen Angriffe der Alliierten. In beiden Ländern wurden große Bunker und Befestigungsanlagen errichtet, in Norwegen auch die Verkehrsinfrastruktur erweitert. 3) Einbindung der Industrie in die deutsche Kriegswirtschaft und perspektivisch in die von Deutschland gewünschte deutsch dominierte «Großraumwirtschaft». In diesem Zusammenhang begannen deutsche Firmen in erzwungener Kooperation mit Norsk Hydro mit dem Bau gewaltiger Werke zur Aluminiumherstellung, die aber infolge alliierter Angriffe die Produktion nicht aufnahmen. Bau- wie Besatzungskosten mussten die Länder selbst bzw. deren Zentralbank tragen, sodass am Ende des Krieges gewaltige finanzielle Forderungen aufgelaufen waren, die auch nach 1945 nicht beglichen wurden. 4) Nicht zuletzt sollten Ruhe und Ordnung gesichert werden. In beiden Fällen arbeiteten die deutschen Stellen mit der einheimischen Administration zusammen. Deutsches Ziel war die sog. Aufsichtsverwaltung, die wenig deutsche Kräfte band. Da im Laufe des Krieges der Widerstand zunahm, griffen deutsche Autoritäten immer stärker direkt ein und durch.

Der Widerstand war zu Beginn relativ gering. Abgesehen von der Empörung über den Überfall musste sich die Bevölkerung erst über den verbrecherischen Charakter des NS-Regimes klar werden und auch Hoffnung schöpfen. Solange die Wehrmacht einen schnellen Sieg an den anderen reihte, war dies schwer möglich. Als positiv wurde bewertet, dass mit der Besatzung die Arbeitslosigkeit praktisch schlagartig aufhörte, weil es jetzt genügend Aufträge gab. (Während die deutsche Industrie vorwiegend Rüstungsgüter herstellte, wurde die Herstellung zivilen Bedarfs systematisch in die besetzten Länder verlagert.) Schließlich ließen Wehrmacht und vor allem Gestapo keinen Zweifel daran, dass sie Widerstand auf das Äußerste bekämpfen würden. Doch im Laufe der Zeit organisierte sich der Widerstand, zumal die Verbindungen zu Basen nach England und Schweden nie abrissen. In Norwegen war die spektakulärste Tat das Versenken der mit schwerem Wasser für einen Atombombenbau gefüllten Kesselwagen auf einer Fähre. 1942 ging der Protest in die Breite der Bevölkerung. Über 85% der Lehrer weigerten sich, in die NS-dominierte «norwegische Lehrervereinigung» einzutreten. Im selben Jahr traten alle Bischöfe und die Mehrzahl der Pfarrer von ihren Ämtern zurück. Auf spezielle Aktionen antwortete die Gestapo mit Terror. Weil 1942 zwei ihrer Mitglieder in der Siedlung Telavåg bei Bergen überfallen und getötet worden waren, deportierte sie alle Einwohner und brannte Telavåg nieder. In Dänemark wurden besonders viele Bahnanlagen beschädigt. Ähnlich wie sein Bruder, der norwegische König Håkon VII., wurde der dänische König Christian X. ein Symbol des Widerstandes. Von ihm ist die folgende Anekdote überliefert: Die Deutschen hatten die Hakenkreuzfahne auf Schloss Christiansborg, dem Sitz des Folketing, gehisst. Christian X. befahl, sie durch einen dänischen Soldaten abnehmen zu lassen, worauf ein deutscher Offizier sagte, dieser Soldat würde erschossen werden. Christians Antwort war, dann werde er eben selbst dieser Soldat sein. Die Fahne wurde wieder durch den Danebrog ersetzt. Legendär wurden auch seine Ausritte durch Kopenhagen, die die dänische Nationalität und Unbeugsamkeit demonstrierten. Sie wurden schließlich als so gefährlich für die Besatzung empfunden, dass man sie dem König ab 1943 verbot; er wurde unter Hausarrest gestellt. – Die moderne Forschung hat verschiedene Formen des Widerstands herausgearbeitet; auch viele unbewaffnete Aktionen fallen in diese Kategorie. Im Gegensatz zur Sowjetunion war der unbewaffnete Widerstand (Sabotage, politische Gegeninformation usw.) für Dänemark und Norwegen charakteristisch.

In beiden Ländern verfolgten deutsche Stellen die einheimischen Juden, um sie anschließend zu ermorden. Den meisten der ca. 7000 dänischen Juden gelang indessen mit Hilfe der dänischen Polizei die Flucht nach Schweden, nachdem Georg Ferdinand Duckwitz von der deutschen Botschaft die dänische Seite heimlich von der bevorstehenden Razzia unterrichtet hatte.

Die wenigen norwegischen Juden sind, abgesehen von denen, die fliehen konnten, unter Beteiligung der norwegischen Polizei an Deutsche übergeben worden.

Mit Ausnahme von Nordnorwegen und einigen kleineren Städten blieben beide Länder von Kriegszerstörungen durch Bombenangriffe oder andere Kriegshandlungen weitgehend verschont. Dennoch kamen in Dänemark ca. 5000 und in Norwegen ca. 10 000 Menschen um. Jeweils die Hälfte der Handelsflotte wurde versenkt. Im hohen Norden drängten sowjetische Truppen die Deutschen zurück, die sich der «Taktik der verbrannten Erde» bedienten: Alle Häuser und Bauten wurden vernichtet, die Zivilbevölkerung stand mitten im Winter ohne Unterkunft da. Den Sieg der Alliierten hat dieses Kriegsverbrechen in keiner Weise beeinflussen können.

Schweden befürchtete anfangs ebenfalls, angegriffen zu werden. Es kollaborierte deshalb auf wirtschaftlichem Gebiet mit Deutschland und verstärkte gleichzeitig seine Rüstung. Am Ende des Krieges hätte es auf 500 000 Soldaten zurückgreifen können. Während Schweden bis zur Mitte des Krieges Deutschland mit Wirtschaftsgütern unterstützte (vor allem Eisenerz, Kugellager, Transportkapazitäten), schränkte es seinen Austausch später schrittweise immer stärker ein. Schweden hatte viele Flüchtlinge aus Dänemark und Norwegen aufgenommen und einen Teil von ihnen militärisch oder polizeilich ausgebildet, sodass bei Kriegsende mehrere zehntausend Personen zur Verfügung standen. Die norwegische Armee war gleich nach Kriegsende so weit aktionsfähig, dass sie sich an der Besetzung Deutschlands in Schleswig-Holstein beteiligte.

Finnland beteiligte sich seit dem 26. Juni 1941 (vier Tage nach Beginn des «Unternehmens Barbarossa») am Krieg gegen die Sowjetunion, nach finnischer Lesart dem «Fortsetzungskrieg». Die vorher abgetretenen Gebiete konnten zurückerobert werden. Trotz Verstärkung durch deutsche Truppen im Norden gelang es aber nicht, die Nachschublinie von Murmansk in den Süden zu unterbrechen. Nachdem sowjetische Kräfte die Hauptkampflinie an der karelischen Front im Juni 1944 durchbrochen hatten, unterzeichnete Finnland am 19. September 1944 einen

Waffenstillstand mit der UdSSR und nahm gleichzeitig Kampf-
handlungen gegen die im Lande stehenden deutschen Truppen
auf.

Obwohl die NS- und die Rassenpropaganda praktisch keinen
Erfolg im Norden hatten, haben über 10 000 Freiwillige insbesondere aus Norwegen und Dänemark sich auf deutscher Seite
am Krieg beteiligt. Sie meldeten sich nicht zum Kampf für
Deutschland, sondern gegen den Bolschewismus – dies zeigt,
wie angespannt die politische Lage zwischen Rechts und Links
vor dem Krieg war. Die Freiwilligen wurden in nationalen Ver-
bänden als Teil der Waffen-SS eingesetzt, einschließlich der
ebenfalls freiwillig dienenden Krankenschwestern. Diese Trup-
penteile wurden keineswegs besonders geschont, sondern ebenso wie andere Verbände eingesetzt. Einige waren sogar bis zum
Schluss an den Kämpfen im Berliner Regierungsviertel beteiligt.
Nach dem Krieg hatten es diese «Frontkämpfer» genannten
Soldaten natürlich in ihrem Heimatland sehr schwer. Doch
schlimmer erging es den sog. *tyskerungene*: Das waren die ca.
10 000 Kinder, die in Norwegen während des Krieges aus der
Verbindung norwegischer Frauen und deutscher Soldaten her-
vorgegangen waren; sie wurden jahrzehntelang diskriminiert.
Auch in Dänemark und sogar in Finnland kam es im Anschluss
an den Krieg zu entsprechenden Diskriminierungen, die finnische Regierung internierte diese «unpatriotischen» Frauen
mit ihren Kindern zeitweilig in Lagern. Während bei den Front-
kämpfern eine Relation zwischen Tat und Diskriminierung
existierte, gab es sie bei den Kindern nicht. Sie hatten allein die
«falschen» Eltern. Immerhin wurde dieses Verhalten, wenn
auch erst nach Jahrzehnten, als falsch aufgearbeitet und die be-
troffenen Personen entschädigt.

Rassismus war eines der Herrschaftsinstrumente der Natio-
nalsozialisten. Rassismus war aber auch in anderen Ländern
verbreitet, ebenso wie Gedanken um die «Erbgesundheit», die
rassenmäßige Erhaltung des eigenen Volkes und die Regulie-
rung seines Erbgutes. Im Rahmen dieser Vorstellungen wurden in Schweden zwischen 1934 und 1948 ca. 12 000 Menschen
z. T. unter Zwang sterilisiert. Entsprechende Gesetze waren

in Dänemark 1929, in Schweden, Finnland und Norwegen 1934/35 sowie in Island 1937/38 erlassen worden.

Der Zweite Weltkrieg hat das positive Verhältnis des Nordens zu Deutschland und den Deutschen nachhaltig erschüttert. Es blieb lange Zeit belastet. Der Sohn Håkons VII., König Olav V., lud Bundespräsident von Weizsäcker bei dessen Staatsbesuch 1986 nach Elverum ein und zeigte ihm die Stelle mit dem berühmten «*Nei!*» seines Vaters. Seine Geste markierte das offizielle Ende der deutsch-norwegischen Spannungen, ausgeführt nach mehr als einer Generation und von dem Sohn des Akteurs. Das Beispiel zeigt, wie langsam sich die Ablehnung des offiziellen Deutschland lockerte. Im Verhältnis zu Deutschen als Einzelpersonen vollzog sich diese Haltungsänderung eher, zwischen 1970 und Mitte der 1980er Jahre. In Norwegen und Dänemark (sowie in den Niederlanden) erhielt sich diese Ablehnung aber viel länger als z. B. in Frankreich, Russland oder Italien, obwohl diese Nationen unter der deutschen Kriegführung und Besatzung schwerer gelitten hatten. Über die Diskrepanz ist oft gerätselt worden. Möglicherweise ist sie auch durch eine tiefe Enttäuschung erklärbar. Die Zerstörung eines positiven Bildes, wie wir es in den drei kleinen Ländern vorfanden, wirkt nachhaltiger als die Bestätigung eines negativen. Und schließlich waren die großen Länder gleichwertige Gegner und nicht neutral. Die kleinen Staaten fühlten sich dagegen in ihrer Neutralität, in der topografischen Randlage, ihrer vermeintlichen militärischen Bedeutungslosigkeit und ihrer außenpolitischen Kompromissbereitschaft sicher. Ein Angriff war einfach nicht vorstellbar; schließlich überfällt man nicht seinen kleinen Bruder! Heute sind antideutsche Ressentiments überwunden. Der Autor dieses Buches hat auf allen seinen Reisen keine Ablehnung erlebt, aber auch keine Tabuisierung des Geschehens. Viele von denen, die den Krieg noch als Kind erlebt haben, stehen weiterhin unter dem Einfluss des Erlebten und sprechen gern häufig darüber.

6. Zeit der Veränderungen (1945–1975)

Äußeres: Umbrüche

Das Ende des Krieges und der Sieg über Deutschland wurden im Norden überall gefeiert, am meisten natürlich in Dänemark und Norwegen, die nun von der Last der Besatzung befreit waren. Die Abrechnung mit den Kollaborateuren erfolgte schnell und hart. Quisling, dessen Name international als allgemeine Bezeichnung für Kollaborateure benutzt wurde, und andere wurden verurteilt und erschossen. In Island und Finnland mögen die Feiern weniger ausgelassen gewesen sein, weil sich dort die politische Situation anders darstellte.

Die in Island stationierten britischen Soldaten waren während des Krieges durch amerikanische ausgewechselt worden. Jetzt erwarteten die Isländer deren Abzug. Stattdessen schlug die US-Regierung einen Pachtvertrag für eine Militärbasis für 99 Jahre vor. Daraufhin erhob sich ein Sturm der Entrüstung. Es gelang dem Ministerpräsidenten Thors, den Keflavík-Vertrag mit Washington abzuschließen, der den Abzug der US-Streitkräfte innerhalb von 18 Monaten vorsah und damit die Proteste beruhigte. Eine Klausel des Vertrages sah allerdings vor, dass die USA das Recht hätten, den Luftwaffenstützpunkt Keflavík so lange zu benutzen, wie ihre Truppen in Deutschland stünden. Damit hatten auch die USA ihr Ziel erreicht. Die Stimmung in Island beruhigte sich, zumal jetzt auch die Arbeitsplätze, die mit Keflavík verbunden waren, ins Spiel gebracht wurden.

Ganz anders sah die Lage in Finnland aus: Das Land hatte 1947 im Frieden von Paris nicht nur das Wiborger Industriegebiet, Teile Kareliens und seinen Zugang zum Eismeer im Norden (Petsamo) an die Sowjetunion abtreten, sondern ihr auch einen großen Militärstützpunkt westlich von Helsinki einräumen müssen. Diese Militärbasis (Porkkala) war erheblich größer als Hanko, das 1940/41 als sowjetischer Stützpunkt fun-

gierte. Porkkala lag nur 20 km von der Hauptstadt entfernt und
wurde deshalb als ständige Bedrohung aufgefasst. (1955 zogen
die Sowjets in einer Tauwetterperiode des Kalten Krieges freiwillig und vorzeitig ab.) 1948 zwang die Sowjetunion Finnland,
einen Freundschafts-, Zusammenarbeits- und Beistandspakt zu
unterzeichnen, der den Sowjets im Kriegsfall das finnische Territorium zur Verfügung stellte. Kalter und «heißer» Krieg lagen in
den folgenden Jahren dicht beieinander; Finnland hatte also allen Grund, die Sowjetunion nicht zu reizen. Die finnische Außenpolitik musste die Gratwanderung meistern, einerseits die
Unabhängigkeit und Westorientierung des Landes zu sichern
und andererseits die Sowjetunion immer wieder zu beruhigen.
Für die UdSSR stellte Finnland ein strategisches Thema dar; für
sie ging es um die Zugänge zu Leningrad, der zweitgrößten
Stadt des Landes, und zu Murmansk, einer der größten Marine-
basen. Die Sowjetunion intervenierte indirekt während der ersten Jahrzehnte nach 1945 mehrfach bei Wahlen oder der Re-
gierungsbildung. Finnland entwickelte deshalb die «Paasikivi-
Linie» (nach dem Staatspräsidenten von 1946–1956), die bei
gleichzeitig fester Verankerung in Skandinavien freundschaftliche Beziehungen zur UdSSR betonte. Seine Nachfolger Kekkonen und Koivisto setzten diese Linie auch unter Pflege persön-
lich-freundschaftlicher Beziehungen fort. Gerade das persönliche Vertrauensverhältnis zwischen den mächtigen Männern
der beiden Staaten glättete bei der gemeinsamen Jagd oder dem
Saunabesuch manche Unebenheit zugunsten Finnlands.

Seit 1947 ging US-Präsident Truman zur Politik der «Ein-
dämmung» des sowjetischen Einflusses über (*containment*). Als
derartig instrumentalisierte «Dämme» zeigten die nordischen
Staaten durchaus unterschiedliche Qualitäten. Ein Instrument
der Containment-Politik stellte die 1949 gegründete NATO dar.
Für Finnland war eine Mitgliedschaft von vornherein ausgeschlossen. Ebenso klar waren die Positionen von Schweden und
Island. Schweden wollte weiterhin neutral bleiben, während Island unter der Bedingung, keine eigenen Streitkräfte aufbauen
zu müssen, der NATO-Mitgliedschaft zustimmte. Schwieriger
war die Frage für Dänemark und Norwegen zu entscheiden.

1948/49 verhandelte Schweden mit beiden Nachbarn um die Bildung eines Bündnisses auf Grundlage der Neutralität. Schweden war damals ein hochgerüstetes Land, in den 1950er Jahren verfügte es mit einer Luftwaffe von über 1000 Flugzeugen über die nach der britischen Royal Air Force zweitgrößten Luftstreitkräfte in Westeuropa. Doch insbesondere Norwegen bestand auf einer militärischen Absicherung nach Westen. Es entstand der Eindruck, dass Schweden seine Neutralität auf Kosten eines Ringes von Pufferstaaten aufrechterhalten wollte, was nicht im Interesse Norwegens und Dänemarks lag. Infolgedessen beendeten sie die skandinavischen Gespräche und traten im April 1949 in die Reihe der NATO-Gründungsmitglieder ein. Beide Staaten erhielten anschließend erhebliche Militärhilfe von den USA. Die Mehrheit der dänischen und norwegischen Bevölkerung hat die NATO-Mitgliedschaft immer unterstützt, jedoch die ständige Stationierung fremder Truppen generell abgelehnt. Insbesondere waren deutsche Militäreinheiten der NATO in Norwegen verhasst, sodass sie lange bei entsprechenden Übungen u. a. durch italienische ausgetauscht wurden.

Als Dauergäste waren auch amerikanische und selbst britische Truppen nicht willkommen. Die nordischen Regierungen vermuteten, dass die Stationierung fremder NATO-Truppen, ebenso wie eine Mitgliedschaft Schwedens in der NATO, die Sowjetunion zu einer härteren Haltung gegenüber Finnland veranlassen würde. Sowohl die UdSSR als auch Finnland protestierten gegen die Teilnahme bundesdeutscher Truppen an NATO-Übungen in Norwegen. Die Auffassung der drei skandinavischen NATO-Mitglieder zeigt jedoch gleichzeitig, dass engere Militärbeziehungen zu Schweden und Finnland als normal und wünschenswert angesehen wurden. Diese gegenseitige Rücksichtnahme wurde als «nordeuropäisches Muster» bezeichnet. Das Muster hatte überdies im Geheimen eine verdeckte Webart. Hier sollen sogar Verabredungen zu einer gemeinsamen nordischen Zusammenarbeit auf militärischem Gebiet getroffen worden sein. Schwedische Offiziere wurden für die Koordination der nationalen Streitkräfte mit der NATO ausgebildet, und im Lande entstanden geheime Flugplätze für NATO-Flugzeuge.

Schwedische Abwehr und U-Boote der NATO – teilweise war auch der Warschauer Pakt beteiligt – lieferten sich in den Schären ein Katz-und-Maus-Spiel, das auch der Presse nicht verborgen blieb. Weder die formale Mitgliedschaft noch die Weigerung, ausländische Stationierungen zuzulassen, spiegelten also das Bild der Militärpolitik wirklich wider.

Die NATO sah den Ostseeausgang und den hohen Norden, die Grenze zwischen Norwegen und Russland, als besonders gefährdet an. Hier erwartete sie massive Angriffe. Nach der Auflösung des Warschauer Vertrages, des Gegenstücks zur NATO, wurde das Gefährdungspotenzial auf Grund von Unterlagen in polnischen Archiven bestätigt: Für den Kriegsfall hatte der Warschauer Pakt geplant, mit Hilfe massiver Atomschläge Dänemark innerhalb weniger Tage zu besetzen, um so für die Sowjetmarine den Ausbruch aus der Ostsee zu erzwingen.

Noch vor der militärischen kam die ökonomische Hilfe. 1947 kündigte der amerikanische Außenminister George Marshall mit dem nach ihm benannten Marshall-Plan Wirtschaftshilfe für die europäischen Staaten an. Insgesamt bewilligten die USA hierfür die unvorstellbar große Summe von 13,75 Mrd. $. Die Hilfe war an die Bedingung geknüpft, die jeweiligen nationalen Märkte schrittweise für den Welthandel zu öffnen. Infolge des sowjetischen Drucks musste Finnland auf diese Starthilfe verzichten. Zwischen 1949 und 1952 erhielten die skandinavischen Länder folgende ERP-Mittel aus den USA (in Mio. $): Dänemark 276, Norwegen 254, Schweden 107 und Island 30 (vgl. UK 3443, Deutschland 1413). Pro Kopf gerechnet war das für Island viel, für die anderen Länder war es zumindest deutlich spürbar. Doch wichtiger als der quantitative Effekt wurden zwei weitere Aspekte: Obwohl die Hilfe zum größten Teil in Form von Gütern (inkl. Rohstoffen und Lebensmitteln) und nur zu einem kleinen Teil bar übergeben wurde, beseitigte sie damit häufig Engpässe in der Produktion, sodass die Betriebe ihre Arbeit wieder aufnehmen konnten. Mindestens ebenso wichtig war die mit dem Marshall-Plan verbundene politische Botschaft der USA: Sie würden Westeuropa vor einem Vordringen des Kommunismus von außen wie innen schützen. Infolgedessen war es sinnvoll, sich in Europa erneut zu engagieren und auch Kapital zu investieren. Eine starke Nachfrage war ohnehin vorhanden; Norwegen konnte z. B. die Zuteilung von Lebens- und Betriebsmitteln erst in den 1950er Jahren vollständig aufheben.

In den 1930er Jahren hatte die Initiative der Oslo-Konvention zu keinen Ergebnissen geführt, doch war das Gefühl der nordischen Zusammengehörigkeit weiterhin vorhanden. Die Pläne für eine Zollunion, die von 1947 bis 1950 erörtert wurden, führten ebenso wenig zur Einigkeit wie die Überlegungen zur militärischen Kooperation. Daraufhin einigten sich die vier skandinavischen Staaten auf eine Zusammenarbeit in den Bereichen Kultur, Verwaltung und Politik und gründeten auf dieser Basis 1952 den Nordischen Rat, dem Finnland 1955 beitrat. Der Nordische Rat sollte vor allem ein Forum für die Parlamente und Regierungen sein. Er wurde zum Erfolgsfaktor einer immer stärkeren Zusammenarbeit. Im Nordischen Rat haben alle Staaten 20 Delegierte bis auf Island, welches mit sieben vertreten ist. In der finnischen Quote sind zwei für die Ålandinseln enthalten und in der dänischen je zwei für die Färöer und Grönland. Der Nordische Rat fasst keine bindenden Beschlüsse, doch folgen die Regierungen meist seinen Vorschlägen. Es gibt einen intensiven Austausch einerseits auf der Ebene leitender Regierungsangestellter und andererseits zwischen den Parteien. Beides hat zu vielen wichtigen, informellen Kontakten geführt, welche in der Praxis oft wichtigere und schnellere Verbindungen als die offiziellen Kanäle darstellen. In dieser Dimension repräsentiert der Nordische Rat ein Instrument im Hintergrund. Die Regierungen etablierten jedoch auch formale Beziehungen, die sehr wichtig wurden. Zu ihnen gehören die Passunion sowie die Übereinkunft im Sozialwesen, die die soziale Absicherung in allen Staaten garantiert. So entstand ein gesamtnordischer Arbeitsmarkt. Die Nordische Investitionsbank und der Nordische Kulturfonds unterstützen gemeinsame Projekte. 1971 wurde der Nordische Ministerrat gebildet, ein Forum, auf dem sich die jeweiligen Fachminister treffen. Hier sind einstimmig gefasste Beschlüsse anschließend für alle bindend. Die Zusammenarbeit der nordischen Staaten vollzieht sich oft im Hintergrund, ohne großartige Kommuniqués und Pressekonferenzen, aber in einer sehr effizienten Weise.

Auch die Außenpolitik veränderte sich gegenüber der Zwischenkriegszeit, vor allem durch die eindeutige Option für den Westen und gleichzeitig infolge der recht verlässlichen nordischen Kooperation. Grundlage war die übereinstimmende Haltung, keine selbständige große Außenpolitik zu entwickeln, aber die eigenen Interessen und Auffassungen deutlich zu vertreten und, wenn nötig, auch zu weltpolitischen Ereignissen ebenso deutlich Stellung zu nehmen. Die nordischen Staaten engagierten sich in der UNO deutlich gegen Rassismus, Kolonialismus und Krieg, wie z. B. 1956 gegen die britisch-französische Intervention im Nahen Osten (Suezkrieg). Auf Grund dieser Haltung wurde der Schwede Dag Hammarskjöld 1953 zum UN-Generalsekretär gewählt. Alle Regierungen, aber insbesondere die schwedische, sprachen sich gegen den Vietnamkrieg aus. Der damalige Ministerpräsident (Staatsminister) und Vorsitzende der schwedischen Arbeiterpartei Olof Palme demonstrierte Seite an Seite mit dem kommunistischen Botschafter Nordvietnams gegen die Intervention der USA. Schweden gewährte sogar amerikanischen Deserteuren politisches Asyl. Diese Spielart der offensiven Neutralität führte zu erheblichen Spannungen mit den USA, die sogar ihren Botschafter abberiefen. Doch die schwedische Regierung, die sich in dieser Frage auf eine breite Bevölkerungsmehrheit stützte, hielt ihre Linie erfolgreich durch. Ebenso entwickelte Schweden gute Beziehungen zu Ostblockstaaten, insbesondere zu Polen, die sich u. a. in der Aufrechterhaltung der traditionellen Fährlinie Trelleborg–Swinemünde ausdrückten. Dass Schweden sich seine militärische Unabhängigkeit wirtschaftlich durch umfangreiche und oft wenig wählerische Waffenexporte erkaufte, ist vor den bedeutenderen Waffenausfuhren der Großmächte der Öffentlichkeit weitgehend verborgen geblieben.

In der Vertretung eigener Interessen fühlte sich Island besonders herausgefordert: Zwischen 1952 und 1975 entstanden mehrere «Kabeljaukriege». Die isländische Wirtschaft war seit jeher von der Fischerei dominiert, infolgedessen gestaltete die

Fischereipolitik nahezu die Außenpolitik. Das galt besonders bei internationalen Initiativen zur Ausweitung der jeweiligen Hoheitsgewässer. Die Grenze der Hoheitsgewässer war im 19. Jh. auf drei Seemeilen von der Küste vereinbart worden. Das war pragmatisch, weil es der Reichweite von Kanonen entsprach. In den 1930er Jahren begannen einige Nationen eine 12-Meilen-Zone (ca. 22 km) zu beanspruchen. Die Fischbestände um Island waren schon seit den 1920er Jahren latent bedroht. Auch für britische Fischer stellten die Gewässer um Island traditionelle Fanggründe dar, womit der Konflikt geradezu programmiert war. 1952 vergrößerte Island seine Hoheitszone um eine auf vier Meilen. Zwar boykottierten daraufhin die britischen Käufer isländischen Fisch, doch die Isländer fanden leicht neue Märkte. Dieser Zwist war nur ein Vorspiel zu dem, was 1958 bei der Einführung der 12-Meilen-Zone entstand. Britische Trawler fischten unter demonstrativer Missachtung der Souveränität systematisch in isländischen Gewässern, während die isländische Küstenwache sie zu vertreiben suchte. Eine Neuauflage des Konflikts entstand 1972, als Island seine Wirtschaftszone auf 50 Seemeilen ausdehnte. Diesmal versuchten die Briten gar, isländische Küstenwachschiffe zu rammen, welche ihrerseits die Netze der britischen Trawler kappten. Die Briten setzten schließlich Kriegsschiffe ein, und Island unterbrach die diplomatischen Beziehungen zu London. Man weiß nicht, wie die Auseinandersetzungen ohne die stille NATO-Diplomatie geendet hätten, die in jedem Fall sicherstellen wollte, dass Island mit seiner strategischen Lage im Nordatlantik nicht das Bündnis verlassen würde. Der Kabeljaukrieg wurde durch Zugeständnisse für britische Sonderfangmengen beendet. Infolge der Ausdehnung der Wirtschaftszone auf 200 Seemeilen (die Großbritannien auch für sich beanspruchte) kam es drei Jahre später zur vierten Auflage des Kabeljaukrieges – mit ähnlichem Ergebnis.

Das Verhältnis der nordischen Länder zu Deutschland war in den 1950er Jahren gespannt; keiner der beiden deutschen Staaten entwickelte sich so, dass die Nordeuropäer freundschaftliche Gefühle entwickelten. Ein wichtiger Punkt in diesem Zusammenhang war die Frage der Wiedergutmachung. Die DDR lehnte alle Forderungen ab, da sie nach eigener Lesart ein vollkommen neues Deutschland vertrat, welches mit dem alten nichts zu tun habe. Dagegen hatte die Bundesrepublik die Rechtsnachfolge des Deutschen Reiches angetreten und wurde so zum Adressaten der Forderungen. Zuerst verschanzte sie sich hinter dem Londoner Schuldenabkommen von 1953, welches alle Fragen einer Entschädigung auf einen späteren Friedensvertrag verschob. Da wegen des Kalten Krieges schon die Aufnahme von Verhandlungen für einen Friedensvertrag undenkbar war, befand sich Bonn in einer rechtlich bequemen Position. Politisch ließen sich jedoch die Nachbarstaaten diese Rechthaberei nicht gefallen. Sie traten im Sommer 1956 zugleich und mit gleichlautenden Forderungen nach Entschädigung an die BRD heran. Auf diesen Druck hin nahm Bonn Verhandlungen auf.

Dänemark und Norwegen formulierten ihre Forderungen in enger Zusammenarbeit mit den Organisationen der NS-Verfolgten ihres Landes. Die Forderungshöhe orientierten sie schließlich am bundesdeutschen Entschädigungsgesetz (5,–DM pro KZ-Tag). Allen war bewusst, dass es um eine symbolische Entschädigung ging, die nicht die Leiden kompensieren konnte. Auf Grund deutscher Verzögerungen wurden die entsprechenden Verträge erst 1959 unterschrieben. Pauschal überwies Bonn an Norwegen 60 und an Dänemark 16 Mio. DM. Die Verteilung der Gelder nahmen die Regierungen selbst vor; sie lehnten sich dabei nicht an deutsche Vorstellungen an. In diesem Fall wären die Widerstandskämpfer leer ausgegangen und die Kommunisten schlechter gestellt worden. Schweden erhielt 1964 ebenfalls 1 Mio. DM für seine verfolgten Staatsbürger. Der dänische Ministerpräsident Jens Otto Kragh sprach 1959 von einem «Gefühl der Erleichterung» und dass man in Dänemark «diesen guten Willen anerkennen» solle. Der norwegische Staatsminister Einar Gerhardsen, der selbst mehrere Jahre im KZ verbracht hatte, äußerte sich ebenfalls positiv. Für die deutsch-skandinavischen Beziehungen bedeutete diese symbolhafte Wiedergutmachung einen wichtigen Schritt zur Normalisierung.

Auf einem anderen Gebiet zeigte sich die Bundesregierung dezidiert nicht kompromissbereit, und es gelang ihr sogar, die skandinavischen Staaten außenpolitisch in die Pflicht zu nehmen. Es ging um die sog. Hallstein-Doktrin. Sie besagte, dass die diplomatischen Beziehungen zu jenen Staaten abgebrochen würden, welche die DDR völkerrechtlich anerkannten. Im jugoslawischen Fall machte Bonn seine Drohung wahr. Obwohl man im Norden diese Haltung nicht nachvollziehen konnte, schreckten doch alle Regierungen vor einer Anerkennung der DDR zurück, da die Bundesregierung bei allen Schritten in diese Richtung sofort und massiv drohte. Die nordischen Wirtschaftsinteressen waren eben wichtiger als die Anerkennung des zweiten deutschen Staates. Erst im Rahmen der neuen Ostpolitik, genauer nach der Unterzeichnung des deutsch-deutschen Grundlagenvertrages 1972, tauschten die nordischen Staaten mit der DDR Botschafter aus.

Auch in der Außenwirtschaftspolitik erfolgten Umbrüche. Während des Krieges, dann 1947 und erneut 1957 sondierten die skandinavischen Staaten Pläne für eine Zollunion (wobei der Agrarsektor ausgeschlossen blieb). Es war die erneute Prüfung der Idee, die in der Zwischenkriegszeit zur Initiative der Oslo-Staaten geführt hatte. Doch auch nach dem Zweiten Weltkrieg kam die innerskandinavische Wirtschaftskooperation nicht voran. Dagegen trat weiter südlich die Europäische Wirtschaftsgemeinschaft in Kraft, in der die sechs Staaten der Montanunion eine engere wirtschaftliche Zusammenarbeit vereinbarten. Diese Kooperation hatte von vornherein auch eine politische Zielkomponente. Im Norden war man nicht gewillt, Souveränitätsrechte aufzugeben, aber gern bereit, in einen verbesserten wirtschaftlichen Austausch einzutreten. Als Antwort auf die EWG gründeten die skandinavischen Länder, zusammen mit Großbritannien u. a., 1960 die EFTA (European Free Trade Association). Auch Finnland hätte sich gern beteiligt, musste aber auf die Sowjetunion Rücksicht nehmen, sodass es vorerst nur zu einem Assoziierungsvertrag kam. Zum Ausgleich schloss Finnland einen Meistbegünstigungsvertrag mit der UdSSR. Damit galten die besten Bedingungen, die Helsinki irgendeinem Staat handelsvertraglich einräumte, automatisch auch für die

Sowjetunion. Die EFTA-Vollmitgliedschaft erwarb Finnland
erst 1986. Island konnte vor dem Hintergrund der Kabeljaukriege nicht gleich Mitglied werden und wartete bis 1970.

   Nur drei Jahre nach Gründung der EFTA bewarb sich Großbritannien um die Mitgliedschaft in der EWG und zeigte damit
den Nordeuropäern die Begrenztheit des EFTA-Ansatzes auf.
Doch de Gaulles Frankreich blockierte den britischen Wunsch
mehrfach, und so wurde das Inselreich erst 1973, nach de
Gaulles Demission, EG-Mitglied. Die Dänen folgten ihrem
Hauptabsatzland in die EG, und auch die norwegische Regierung hatte dies vor. In einer Volksabstimmung stimmten die
Norweger jedoch gegen den Beitritt. Die politische Klasse war
schockiert. Es ging ja nicht allein um den wirtschaftlichen Beitritt zur EG, sondern auch um die politische Grundsatzorientie-
rung des Landes. Denn trotz aller nordischer Kontakte und Zusammenarbeit orientierte sich das Land vornehmlich an Großbritannien.

Inneres: Verstetigung

Der alliierte Sieg über Nazideutschland verschob die politische
Achse in der Nachkriegszeit nach links. Bis zum Beginn des Kalten Krieges 1947/48 waren sogar die Kommunisten «salonfä-
hig». Was sich in den 1930er Jahren angedeutet hatte, wurde
nun Gewissheit: Die Sozialdemokraten konnten sich für mehrere Jahrzehnte als vorherrschende Partei etablieren. Gleichzeitig
zementierte sich diese politische Dominanz in den allgemeinen
Denkweisen. Bis heute vertreten selbst bürgerliche Parteien im
Norden Auffassungen, die im restlichen Europa als Kernstücke
sozialdemokratischer Orientierung gelten. In Schweden führte
dies zu der unglaublich langen Regierungszeit von Staatsminister Tage Erlander, der 1946 sein Amt von Per Albin Hansson
übernommen hatte. Er regierte ununterbrochen 23 Jahre bis
1969! Der finnische Präsident Urho Kekkonen übertraf ihn gar
noch, er kam auf die erstaunliche Zahl von 25 Amtsjahren
(1956–1981). Auch die norwegische Regierung war relativ
stabil, dort bekleidete der Sozialdemokrat Einar Gerhardsen

1945–1951 und erneut 1955–1965 (mit einer kurzen Unterbre-
chung 1963) das Amt des Staatsministers. In Dänemark wechselten die Regierungen dagegen öfter, doch zeigt die Aufzählung,
dass die politische Situation im Norden generell relativ stabil
war.

Nach dem Zweiten Weltkrieg hatte die internationale Sozialdemokratie eine gemeinsame große Vision: den Aufbau des
Wohlfahrtsstaates. Die Vorstellungen hierfür wurden schon in
den 1930er Jahren entwickelt und auch das theoretische Instru-
mentarium dafür vorgeschlagen: die detaillierte ökonomische
und soziale Steuerung durch den Staat. In jenem Jahrzehnt wurden vor allem in England theoretische Vorstellungen entwickelt,
die darauf hinausliefen, dass der Sozialkörper eines Staates
durch geeignete Eingriffe weitgehend beherrschbar sei. Auf
diese Weise glaubte man das Glück des «kleinen Mannes» orga-
nisieren, steuern und absichern zu können. Wirtschaftstheo-
retisch lieferte vor allem der Keynesianismus das Instrumen-
tarium, welches dem Staat die Verantwortung für eine stetige
Konjunktur und damit für die Vollbeschäftigung zuwies. Politisch war die Konstellation äußerst günstig: Die richtigen Ideen
kamen aus der richtigen Richtung (England), ebenso war die
Zeit richtig (anhaltender Wirtschaftsaufschwung), und richtig
war schließlich die Region (unangefochtene Vorherrschaft der
Sozialdemokratie). Am richtigsten entstand diese Konstellation
in Schweden, sodass es kein Wunder ist, dass dieses Land den
Vorreiter der Entwicklung repräsentierte. Innerhalb des Nordens gab und gibt es nennenswerte Differenzen in der Ausge-
staltung des Wohlfahrtsstaates, doch außerhalb wird der schwedische Wohlfahrtsstaat oft generell als der nordische wahrgenommen. Das ist wegen der Ausstrahlungskraft, die andere
nordische Länder zur Anpassung an das schwedische Modell
ermunterte, nicht ganz verkehrt. Infolgedessen soll hier das
schwedische Beispiel im Vordergrund stehen.

Seit dem Zweiten Weltkrieg konnte der schwedische Reichstag fast jährlich erhebliche Verbesserungen einführen; hiervon
seien einige herausgegriffen: 1946 Volksrente, 1947 Kindergeld,
1951 drei Wochen Urlaub, 1953 Krankenversicherung für alle,

1954 Alkoholikerfürsorge, 1956 Sozialhilfe, 1956 45-Stunden-Woche, 1959 allg. Zusatzrente, 1963 vier Wochen Urlaub, 1966 42,5-Stunden-Woche, 1969 Mietzuschuss für Kinder, 1970 40-Stunden-Woche, 1974 Krankengeld in Höhe von 90% des Lohnes, 1978 fünf Wochen Urlaub – die Welt blickte auf Schweden, und mancher wünschte sich, in jenem Staat geboren worden zu sein, der doch offensichtlich ganz in der Nähe des Schlaraffenlandes liegen musste. Auch die Schweden selbst waren stolz auf ihr Land, das die Politik des *folkhem* (Heim des Volkes) vorweisen konnte, und empfahlen es zur Nachahmung. Im *folkhem* sollte für alle gemeinsam wie für jeden Einzelnen ein warmes Plätzchen vorhanden sein. Und denjenigen, die ihr Plätzchen nicht allein zu finden vermochten, konnte der Staat mit geeigneten Instrumenten (Information bis sanfter Druck) ihren Platz anweisen. Da auch Schweden nicht über ein finanziell unendliches Füllhorn verfügte – wie lässt sich dies alles erklären? Es traf eine wirtschaftlich einmalig günstige Entwicklung mit neuen politischen und sozialen Ideen zusammen, die eine große Wirkungskraft entwickelten. Vor 1945 hatten auch die nordischen Länder den Bismarck'schen Ansatz der Wohlfahrtspolitik eingeführt. Er beruht auf dem Versicherungsprinzip: Leistungen erhält, wer versichert ist, und die Höhe richtet sich nach den vorhergehenden Einzahlungen. Nach 1945 wurde der britische Ansatz (Beveridge) übernommen, der eine Gruppenzugehörigkeit zur Grundlage macht (z. B. alle Briten). Dort werden die Leistungen vor allem über die Steuern finanziell abgesichert. Das nordische Modell geht jedoch viel weiter als das britische. Letzteres will nur dort einspringen, wo Hilfe notwendig ist, Ersteres richtet sich grundsätzlich an die gesamte Bevölkerung, welche damit gleich behandelt wird. Die Gleichheit war eines der grundsätzlichen politischen Ziele. Hierfür ist die Voraussetzung, dass der Staat umfassende Eingriffsmöglichkeiten hat. Dies führte zu einer hohen Staatsquote; in den 1990er Jahren gingen nur 15% des britischen BSP durch die Hände des Staates, während Schweden auf ein Drittel kam.

Theoretisch basierte der schwedische Wohlfahrtsstaat auf dem Rehn-Meidner-Modell, das 1951 von den Ökonomen Gösta

Rehn und Rudolf Meidner im Auftrag des Gewerkschaftsbundes entwickelt wurde. Sie hatten durchaus nicht die Vorstellung eines unerschöpflichen Füllhorns, waren aber von der Steuerbarkeit einer dynamischen kapitalistischen Wirtschaft überzeugt. Von sozialistischen Vorstellungen hatten sich die beiden längst verabschiedet. Mit dieser Einstellung konnte Meidner auch seinen Sitz im Aufsichtsrat der wichtigsten schwedischen privaten Bank (SEB/Wallenberg) vereinbaren. Kernstück des Rehn-Meidner-Modells ist die «solidarische Lohnpolitik». Der Zusatz «solidarisch» hat darin eher die Funktion eines Feigenblatts, es ging nämlich darum, mit Hilfe der Lohnpolitik kapitalistische Betriebe zur Erhöhung der Produktivität zu zwingen: Alle Betriebe einer Branche sollten die gleichen Stundenlöhne zahlen. Dadurch gerieten die weniger produktiven unter Druck, während die produktiveren expandieren konnten. Diese sollten die überschüssigen Arbeitskräfte der Ersteren aufnehmen. Die Unternehmen sollten sich also nicht nur auf dem Absatzmarkt für ihre Waren, sondern auch auf dem Arbeitsmarkt durchsetzen müssen, um mit dieser Dynamik die notwendige Wirtschaftskraft zu entwickeln, die der Wohlfahrtsstaat voraussetzt. Diesen Kern des Modells flankierten verschiedene Ergänzungen; u. a. wurden Arbeitslose durch Schulung auf neue Tätigkeiten vorbereitet oder ein Teil der Umzugskosten übernommen, die infolge einer Arbeitsaufnahme an einem fernen Ort entstanden. Für die Seite der Unternehmen erarbeitete die Regierung Steuermodelle, die u. a. die Reinvestition der Profitausschüttung vorzogen. Löhne und Steuermodelle wurden so gestaltet, dass beide Partner in einer Familie gehalten waren, arbeiten zu gehen – was auch hier von entsprechenden Maßnahmen wie Kinderkrippen, -gärten, Schulspeisung flankiert wurde. Zusammengefasst ging es darum, die gesamte Bevölkerung in Arbeit zu bringen, wofür alle Instrumente wirtschaftlicher, sozialer oder gewerkschaftlicher Politik in Anwendung zu bringen waren. Voraussetzung für den Erfolg des Modells war eine enge Kooperation von Regierung, Arbeitgebern und Arbeitnehmern.

Das schwedische Modell ist in vielen Grundsätzen von den Nachbarstaaten übernommen worden. Dadurch konnten sie gleichzeitig Fehler vermeiden. So verstärkte die aktive Arbeitsmarktpolitik mit ihren Umzugshilfen den ohnehin existierenden Trend der Schweden nach dem wärmeren Süden ihres großen Landes. Mit Ausnahme der Städte ist das Land nördlich von Uppsala sehr dünn besiedelt. Auf einen parallelen Trend hat Norwegen mit einer bewussten Förderung der Bewohner der nördlichen Gebiete reagiert. Das nordische Modell hat weitgehend gemäß der vor 1940 vereinbarten Kooperation von Arbeit und Kapital funktioniert und weist bis heute signifikant weniger Streiktage auf als Großbritannien oder Italien. Ohne Streiks und andere Formen des Streites ging es aber auch im Norden nicht ab. Schließlich hatten die mächtigen Gewerkschaften auch nicht mit allen Zielvorstellungen Erfolg. U. a. schlugen sie vor, einen Teil des Lohnzuwachses in Fonds zu sammeln, mit denen dann Aktien schwedischer Unternehmen zu erwerben wären. Die Kapitaleigner haben schnell ausgerechnet, dass sie innerhalb weniger Jahre ganz kapitalistisch aus ihren Unternehmen herausgekauft worden wären: Sozialismus per Kapitalmacht! Es gelang ihnen, dieses Vorhaben zu torpedieren.

Gegen zu weit gehende Einmischungen des Staates ist in Schweden seit den 1970er Jahren Protest entstanden, die Interventionsschwelle für dieses «zu weit» lag aber recht hoch. Es gab ernsthafte Stimmen (z. B. Ronald Huntford, Jan Myrdal), die Schweden Totalitarismus vorgeworfen haben und George Orwells Roman 1984 in Schweden (nahezu) verwirklicht sahen. Auch eine human intendierte Wohlfahrtsdiktatur bleibt eben diktatorisch. Der Vorwurf trifft natürlich das ganze skandinavische Modell, vor allem aber seinen Kern, Schweden. In der Tat war eine Nivellierung der Gesellschaft angestrebt und weitgehend erreicht worden. Die Mitte wurde das Maß der Dinge. Dieses Sozialverständnis war weit verbreitet, und man findet heute noch erhebliche Reste. In seiner nivellierenden Wirkung ergänzt es kulturell die ökonomischen Intentionen des Rehn-Meidner-Modells. Natürlich ist der Vorwurf des Totalitarismus absurd und wohl vor allem als Instrument in einem Kulturkampf zur Erweiterung der Spielräume für Individualität zu werten. Trotzdem ist seine Warnung vor zu weit gehender sozialer Kontrolle im Norden breit diskutiert worden. Entsprechende Untersuchungen sind von unabhängigen Kommissionen z. T. mehrfach durchgeführt worden.

Kultur und sozialer Wandel

Zwischen 1948 und 1973 herrschte in Europa ein allgemeiner wirtschaftlicher Aufschwung, der sich auch auf Skandinavien erstreckte. Zwar waren die Wachstumsraten unterschiedlich, doch in dieser fast eine ganze Generation (30 Jahre) währenden Expansionsphase wurde ein Wachstum erreicht wie niemals zuvor oder danach. Dies hatte profunde Auswirkungen auf die Steuern; der Staat konnte plötzlich viele Dinge finanzieren, die vorher undenkbar waren. Das Gleiche galt auch für die Verbraucher. Die Arbeitslosenrate sank enorm. In der Periode vor dem Zweiten Weltkrieg (1936–1940) hatte sie in Schweden bei 11% gelegen, und in Dänemark und Norwegen erreichte sie ca. 20%. Doch nach 1950 sank sie überall auf ein historisches Tief:

Arbeitslosigkeit in den nordischen Staaten 1946–1970

Periode	Dänemark	Finnland	Norwegen	Schweden
1946–50	9,2%		2,9%	2,7%
1951–55	9,8%		2,8%	2,4%
1956–60	8,0%	2,3%	2,9%	1,9%
1961–65	3,4%	1,4%	2,1%	1,2%
1966–70	3,8%	2,9%	1,1%	1,7%

Für Finnland liegen nicht alle Zahlen vor. Quelle: Olle Kranz, S. 244

Dänemark zeigt, dass dort die Arbeitslosigkeit nur langsam gedrückt werden konnte. Insgesamt wird deutlich, dass die Zahlen niedrig ausfielen und im Laufe der Jahre bis 1970 noch kleiner wurden. Dies bedeutet, dass eine große Nachfrage nach Personal aller Art herrschte. Diese Nachfrage wurde nur zu einem

kleinen Teil, wie in Zentraleuropa, durch Arbeitsmigranten aus
dem Süden des Kontinents gedeckt. Die Nordische Passunion
und die Übertragung der Sozialversicherung machten leicht einen Ausgleich innerhalb des Raumes möglich. Infolgedessen kamen insbesondere viele Finnen nach Schweden, wo erheblich
höhere Löhne gezahlt wurden als in ihrem Heimatland. Die hohen Löhne und die neuen, attraktiven Arbeits- und Lebensbedingungen zogen auch die samische Bevölkerung (Lappen) an,
sodass nur ein kleiner Teil die ursprünglich nomadische Lebensweise beibehielt.

Gleichzeitig stiegen die Reallöhne überall in einer vorher
nicht gekannten Weise. Arbeitskräfte waren knapp geworden,
und die Industrie verdiente genug, um zahlen zu können. Infolgedessen stieg der Lebensstandard ganz erheblich. Dies hatte
spürbare soziale und kulturelle Auswirkungen: Die sichtbaren
Grenzen der Klassenstrukturen lösten sich auf. Auch Arbeiterfamilien konnten sich mit der Zeit höherwertige und modische
Kleidung leisten, besser essen und waren infolge besserer Finanzen und Transportmöglichkeiten nicht mehr an die traditionellen Grenzen der Arbeiterwohnbezirke gebunden. Die scharfen
Trennlinien in der Gesellschaft verschwanden zu Gunsten des
feinen Unterschiedes: Nicht mehr der Besitz eines Autos, sondern die Marke wurde entscheidend, nicht das ausreichende,
gesunde Essen, sondern dessen Variation traten in den Vordergrund. Damit löste sich das traditionelle Arbeitermilieu auf. Die
Arbeiterturnvereine öffneten sich für alle. Der tägliche Einkauf
wurde nicht mehr ausschließlich in der Konsumgenossenschaft
durchgeführt. Man wusste nicht mehr, was der Nachbar auf
dem Tisch hatte usw. Aber man half sich auch weniger. Die Kin-
derbetreuung übernahm der Staat, Pflege wurde organisiert,
sodass die herkömmliche Kultur der gegenseitigen Solidarität in
den vielen kleinen und großen Notsituationen des Alltags sich
auflöste. Sie war schlichtweg nicht mehr erforderlich. Am Ende
des Booms war die soziale Dichotomie, das «wir hier unten»
und «die da oben», weitgehend aufgelöst (obwohl weiterhin
große reale Vermögensunterschiede vorhanden waren). Der
Norden war auf dem Weg zum *folkhem*.

In Skandinavien und Finnland entwickelte sich eine sexuelle Freiheit, die bis dahin in Europa unbekannt war. Besonders die Schwedinnen genossen in Deutschland den Ruf eines unbefangenen Umgangs mit ihrem Körper, der heute als normal gilt, damals jedoch in verschiedener Hinsicht aufreizend erschien. Dänemark war das erste Land, welches 1969 die Strafbarkeit der Pornografie abschaffte, ein Schritt, dem Schweden sich wenige Jahre später anschloss. Hingegen folgten Finnland, Island und Norwegen dieser Welle der Liberalisierung zögernd und mit deutlichem Abstand.

Der Norden zeigte sich auch sonst sehr attraktiv, da gab es z. B. das spezielle «skandinavische Design». Es wurde in den 1950/60er Jahren zum Synonym für die Entwicklung der Nachkriegsmoderne. Es verband schlichte Gestaltung mit einem hohen Gebrauchswert und «volksnahen» Entwürfen, welche die Kluft zwischen Kunsthandwerk und Industrieproduktion überbrückten. Seine internationale Ausstrahlung wurde durch die Auszeichnung des Finnen Tapio Wirkkala auf dem Grand Prix der Mailänder Triennale schon 1951 deutlich. Im Laufe der Zeit wurden skandinavische Möbel und Gebrauchsgegenstände zu Exportschlagern; allen erschienen Jacobsen-Stühle und Poulsen-Lampen erstrebenswert. Das Möbelhaus IKEA hat diesen Stil aufgegriffen und durch preiswerte Ware erschwinglich gemacht.

All diese Attraktionen verstärkten bei einem Teil der deutschen Bevölkerung eine gewisse Neigung, die auch als «Zug zum Norden» oder «Metaphysik des Nordens» bezeichnet wurde. Sie wurde in Deutschland auf allen sozialen Ebenen geteilt; schon Kaiser Wilhelm II. bezeichnete die Skandinavier als die «Stammverwandtschaft». In den 1930er Jahren besuchten Tausende mit den KdF-Dampfern Norwegen. Doch nun, wo viele Deutsche über ein eigenes Auto verfügten, konnten sie diesen Zug nach Norden auch individuell nacherleben. Was suchten sie dort? Viele widersprüchliche Züge und undefinierbare Dinge, die mit einem schwammigen Lebensgefühl verbunden wurden: eine Andersartigkeit. Die einschlägige Forschung zählte u. a. auf: attraktive, blonde Menschen; eine Ursprünglichkeit, welche nördlich-neblig, zugleich offen und unfassbar ist; eine nicht südlich-klassisch definierte, sondern unverbildet-unverformte, ehrliche Bevölkerung, die eine gewisse Leichtigkeit des Seins repräsentiert; eine freie, karge, weite Landschaft, über der sich ein unendlicher Himmel wölbt, tiefe Waldeinsamkeit. Natürlich sind diese Projektionen z. T. naiv, widersprüchlich und unrealistisch; sie stellen eben kein Konzept oder Programm dar, sondern reflektieren eher Visionen und (Urlaubs-)Träume. Für Intellektuelle bedeutete der Norden nicht nur Freiheit zum Träumen, sondern auch Demokratie sowie eine ideelle Nähe zu Willy Brandt, Bert Brecht und Peter Weiss. Die Wahl des nordischen Raumes war aber keineswegs willkürlich, denn manche der erwünschten Eigenschaften waren ja dort tatsächlich in Mensch und Land anzutreffen. Und schließlich existierte zumindest in einigen Kreisen auch vor Ort eine gewisse Metaphysik des Nordens: *Ja, jag vill leva, jag vill dö i Norden* (Ja, ich will leben, ich will sterben im Norden), lautet die schwedische Nationalhymne.

7. Schock, Erstarrung und erneuter Aufbruch

Die Herausforderungen der 1970er und 1980er Jahre …

«Ach, wie war es doch vordem zur Zeit des Boomes so bequem…» – auch wenn dies eine (verballhornte) Projektion des Kölner Heinzelmännchengedichts auf den Norden darstellt, reflektiert es doch die Gemütslage der 1970er Jahre. Was war geschehen? Der schöne Traum perpetuierten Wirtschaftswachstums platzte anlässlich des ersten Ölpreisschocks wie eine Seifenblase. 1973/74 verdreifachte die OPEC ihren Ölpreis, und der Norden stürzte wie die Welt in eine tiefe Krise. Das galt auch für das (spätere) Ölland Norwegen, dessen Quellen erst Jahre später nennenswert zu sprudeln begannen. Die Verdreifachung der Energiepreise war in der Tat schockierend, doch fiel die Reaktion umso stärker aus, als die Krise strukturelle Mängel plötzlich freigelegte. Nach keynesianischem Muster hatten insbesondere die nordischen Regierungen versucht, die Wirtschaft per «Globalsteuerung» umfassend zu lenken. Die Überzeugung, wirtschaftliche und soziale Entwicklung bestimmend beeinflussen zu können, bildete ja ein Fundament des Nordischen Wohlfahrtsmodells. Das große Problem der Globalsteuerung war das «magische Viereck», welches die vier Ziele Vollbeschäftigung, ausgewogener Außenhandel, Geldstabilität und Wachstum umfasste. Nun war bekannt, dass es nicht möglich ist, alle Ziele gleichzeitig zu erreichen, denn sie stehen z. T. in Widerspruch zueinander: So verursachen z. B. Wachstum und Vollbeschäftigung eine Tendenz zur Inflation und zum überproportionalen Anwachsen der Importe. Die meisten Regierungen ließen deshalb die Zügel bei der Währung schleifen. Als die Krise kam, schnellten Inflation und Staatsverschuldung in die Höhe, zumal man in den ersten Jahren glaubte, die Krise mit dem keynesianischen *Deficit-Spending* bekämpfen zu können. Einige Jahre versuchten die Regierungen mit einem «Weiter so» durchzukommen, in der Hoffnung, der nächste Aufschwung würde die erforderliche finanzielle Handlungsgrundlage wiederherstellen. Doch die herkömmlichen Instrumente erwiesen sich als untauglich. Im Gegenteil: es kam sogar zur «Stagflation», einer Gleichzeitigkeit von Stagnation und Inflation, d. h. einer Realität, die die Wirtschaftstheorie als nicht möglich ausgeschlossen hatte. Die Politik musste also ohne wirtschaftswissenschaftlichen Kompass agieren. Das wurde umso schwerer, als viele andere Parameter ebenfalls in Frage gestellt wurden und grundsätzlich neue Herausforderungen entstanden, die sämtliche Koordinaten der Gesellschaft erschütterten.

Die erste große Erschütterung erfolgte 1968 durch die Studentenbewegung, die sehr schnell nach Nordeuropa übergriff. Auch in diesem Punkt entwickelte sich der Norden nicht abweichend von den anderen westeuropäischen Staaten. Die Studenten kritisierten nicht nur den Wissenschafts- und Lehrbetrieb sowie Kapitalisten und den Kapitalismus, sondern auch die Sozialdemokraten und Gewerkschafter, also jene, die für sich beanspruchten, selbst die freiheitlichen und demokratischen Ziele der neuen Studentenbewegung seit vielen Jahren verfolgt zu haben. Jüngere Sozialdemokraten nahmen an diesen Protesten teil und stellten dadurch die Partei auf eine Zerreißprobe. In vielen Dingen war der Protest berechtigt und schließlich auch erfolgreich. Gesellschaftlich bewirkte er jedoch nicht nur eine Erneuerung, sondern in Teilen gleichzeitig eine Verunsicherung des «Establishments».

Eine weitere Verunsicherung des «Establishments» folgte aus der neuen Frauenbewegung, die, aus den USA kommend, sich schnell in Nordeuropa verbreitete. Auch hier glaubten Sozialdemokraten und Gewerkschafter die Interessen der Frauen mit zu vertreten und konnten die Existenz einer feministischen Weltsicht nicht nachvollziehen. Selbst der Alva-Myrdal-Bericht zu Fragen der Gleichheit, 1969 auf Grund eines Parteitagsbeschlusses der schwedischen Sozialdemokraten unter dem Vorsitz einer äußerst einflussreichen Frau entstanden, thematisierte die Gleichheit der Geschlechter nur am Rande. Sie wurde nicht als eigenständiger Punkt behandelt. Das Nordische Modell des Wohlfahrtsstaats verstand ja die Geschlechter als gleichberechtigt. Die realen Abweichungen von dem Modell wurden als eines von vielen Problemen betrachtet, mit deren Lösung die Sozialdemokratie ohnehin beschäftigt war. Die neue Frauenbewegung forderte aber nicht länger die Gleichberechtigung auf allen Ebenen theoretisch ein, sondern wollte sie innerhalb kürzester Zeit verwirklicht sehen. Es entwickelte sich hier gerade in Nordeuropa eine außerordentliche Dynamik, möglicherweise gerade weil die Gleichberechtigung als selbstverständlich akzeptiert worden war. Es gelang der Frauenbewegung, wesentliche Regeln in Politik und Verwaltung zu ihren Gunsten zu verändern und auf diesem Wege mit der Zeit das gesellschaftliche Koordinatensystem zu verschieben. Es ist kein Zufall, dass das erste Kabinett in Europa mit paritätischer Beteiligung von Männern und Frauen 1985 unter Frau Gro Harlem Brundtland in Norwegen entstand.

Ebenso fundamental verlangte die Ökologiebewegung die Neuorientierung der Gesellschaft. Ihr ging es nicht nur um Arbeitsplätze, sondern ganz wesentlich um Existenzräume, weil das kapitalistische Wirtschaftssystem die biologischen Grundlagen des Lebens missachte. Im Norden vermochte sie u. a. den weiteren Ausbau der Wasserkraftwerke mit der Begründung zu verhindern, dass durch den Bau von Staudämmen zu viel Land der traditionellen Nutzung entzogen würde. In Schweden, Finnland und Dänemark gelang es ihr, die Pläne zum weiteren Ausbau der Atomkraftwerke zu stoppen. 1980 stimmte sogar die Mehrheit der Schweden für einen Ausstieg aus der Atomwirtschaft. Damit war die naheliegende Option, das teuer gewordene Öl durch Atomenergie zu ersetzen, für den Norden blockiert.

Es trat noch ein anderer Faktor hinzu, der ein traditionelles «Weiter so» ausschloss: die De-Industrialisierung. Seit dem 19. Jh. war die wirtschaftliche Bedeutung des verarbeitenden Sektors stetig gestiegen. In Deutschland überstieg der Anteil des sekundären Sektors an der Beschäftigung die 50 %-Marke. Die Industrie stellte nicht nur die «Jobmaschine» dar, sondern hatte neue gesellschaftliche Klassen geschaffen. Zugleich repräsentierte sie auch den Kern des sozialdemokratischen und gewerkschaftlichen Wirkungspotenzials. Langfristig untergrub die De-Industrialisierung den Einfluss der politisch wichtigsten Trägergruppe des Nordischen Modells. So wurde in den 1970er Jahren auch im Norden klar, dass die Industrie einschließlich der Werften als «Jobmaschine» nie wieder anspringen würde. Auch hier galten die alten Regeln nicht mehr.

Schließlich war die skandinavische Vision der nordischen Kooperation in Frage gestellt worden. Mit England war auch Dänemark der EG beigetreten und hatte damit eine mögliche nordische Option aufgekündigt. Gleichzeitig war allen klar, dass eine Rumpf-EFTA ohne Großbritannien weitgehend sinnentleert war. Auch hier bedurfte es tiefgreifender Überlegungen zu einer Neuorientierung.

Die Konsequenz dieser verschiedenen grundlegenden Veränderungen war die Erschütterung des Regierungsmonopols der

Sozialdemokraten – selbst in Schweden! Bei näherer Betrachtung bestand dieses Monopol ohnehin nur dort; es repräsentiert eher ein Perzeptionsphänomen des restlichen Europa: Die vielen sozialdemokratischen Züge in der Politik der nordischen Staaten führten dazu, selbst bürgerliche Regierungen als sozialdemokratisch wahrzunehmen. Dies ist umso verkehrter, als auch die nordischen Sozialdemokraten seit den 1990er Jahren dem Globalisierungsdruck nachgaben und ihr Profil zu Gunsten bürgerlicher Forderungen korrigierten. Herausforderungen seitens der bürgerlichen Parteien gab es genug, wenn sie auch nicht immer so skurril ausfielen wie im Fall der Steuerverweigerungspartei des Mogens Glistrup in Dänemark. Glistrup gründete 1972 die Fremskridtsparti (Fortschrittspartei) und geriet selbst mehrfach mit dem Gesetz in Konflikt, weil er sich weigerte, seine Steuern zu zahlen. Abgesehen von dem Ölland Norwegen wurde es seit den 1980er Jahren überall notwendig, Teile des Wohlfahrtsstaats zu korrigieren und zu beschneiden. Die sozialen und ökonomischen Probleme führten in den letzten Jahren zu einem Aufschwung des politischen Populismus, der sich in Norwegen in der Fortschrittspartei (Fremskrittsparti), in Finnland in der Partei der «Basisfinnen» (Perussuomalaiset – Sannfinländarna) und in Dänemark in der Dänischen Volkspartei manifestierte, die alle überraschend hohe Stimmenanteile gewinnen konnten. Dagegen konnten die «Schwedendemokraten» sich nicht breit etablieren. Den nordischen Populismus kann man als Ausdruck des Regionalismus oder gar des Provinzialismus und als Meuterei der Besitzstandswahrer abtun, sie zeigen aber einen Anteil nicht nur rückwärtsgewandter, sondern auch tief verunsicherter Bevölkerungsschichten an.

Ehe wir uns den Lösungsansätzen zuwenden, muss geklärt werden, auf welche ökonomische Basis die Länder zurückgreifen konnten. Die wirtschaftliche Seite wies folgende Entwicklung auf:

Bruttosozialprodukt pro Kopf im Norden
(in US-$, laufend)

	1970	2013
Dänemark	2475	61 110
Finnland	2428	47 110
Island	2387	43 930
Norwegen	3125	102 610
Schweden	3226	59 130
Deutschland	2627	46 100

Quelle: 1970: Stat. Jahrbücher,
2013: Fischer Weltalmanach 2015

Die Zahlen weisen starke Steigerungen aus. Wirtschaftlich ging es den Nordeuropäern weiterhin überdurchschnittlich gut. Während Deutschland 1970 noch kurz vor Finnland und Dänemark lag, war es 2013, absehen von Irland, von allen Nordstaaten bei weitem überrundet worden. Gleichzeitig verbergen diese Zahlen viel: die Effekte der Europäisierung, der Globalisierung, des Zusammenbruchs des Sozialismus und die Bedeutung des Faktors Erdöl.

... und Lösungsstrategien

Das Öl ist fast ausschließlich ein norwegisches Thema, Dänemark fördert nur sehr geringe Mengen. 1958 unterzeichneten viele Staaten in Genf ein internationales Abkommen zur Aufteilung der Festlandsockel. 1965 einigten sich die Nordseeanlieger über die Aufteilung ihrer Wirtschaftszonen in einer Weise, die sich für Norwegen als äußerst günstig erwies. Zu dieser Zeit wurden schon Vorkommen vermutet, aber politisch nicht sehr ernst genommen. 1969 entdeckten Geologen das Erdöl- und Erdgasfeld Ekofisk. Ab 1971 wurde die Öl- und sechs Jahre später die Gasförderung aufgenommen. Im Laufe der Jahre kamen weitere Felder hinzu, sodass Norwegen ein Öl- und Gasexportland geworden ist: es ist zum drittgrößten Ölexporteur der Welt aufgestiegen. Auf den Öl- und Gassektor entfielen 2013 22% des BSP, 30% des Staatseinkommens und 50% des Exports.

Das meiste wird an die europäischen Nachbarn und insbesondere an Deutschland und Großbritannien verkauft. Schnell entstand die Frage, wie die Regierung mit diesem unverhofften Reichtum umgehen sollte. Dabei fürchtete sie besonders zwei Dinge: einen potenziellen Souveränitätsverlust und die *Dutch disease*. Der Name «Holländische Krankheit» ging auf Gasfunde in den Niederlanden zurück, die einen Geldsegen auslösten. Mit dem Gasgeld konnten die Niederländer viele wirtschaftliche Unzulänglichkeiten verdecken, was bewirkte, dass sie auf dem Weltmarkt wirtschaftlich nicht mehr konkurrenzfähig waren, als der Transfer aus dem Gaseinkommen zurückging. Das gute Geld hatte die Unternehmen träge gemacht, und eine schmerzhafte Anpassung war nötig.

In der Erdölgeschichte stehen die Norweger einzigartig da, denn sie ließen sich nicht von dem neuen Reichtum verführen, sondern versuchten, die damit verbundenen Fragen auf Basis der Vernunft und der Langfristigkeit zu lösen. Als Erstes behandelte die Regierung die Frage nach dem Souveränitätsverlust. Staaten, die lediglich ihr Territorium für die Förderung zur Verfügung stellen, ohne auf eigene Gesellschaften einwirken zu können, begeben sich in eine strukturelle Abhängigkeit von ausländischen Konzernen. Die Golfstaaten hatten hierauf mit einer Enteignungswelle reagiert. Das war in Norwegen natürlich undenkbar, und so wählte die Regierung einen anderen Weg. Sie gründete die Firma Statoil, die sie bei der Vergabe von Konzessionen besonders bevorzugte. Gleichzeitig mussten ausländische Konzessionäre die Auflage hinnehmen, norwegische Firmen an ihrer Technologie teilhaben zu lassen: Der Technologietransfer und die besonderen Herausforderungen der Nordsee lösten eine spezielle Nachfrage aus, die die norwegischen Firmen meisterten. Infolge der geschickten Kooperation von Politik und Wirtschaft gehört Norwegen heute zu den technologisch führenden Nationen im Sektor Unterwasser- und Offshore-Technik. Der *Dutch disease* wollte die Regierung dadurch entgehen, dass nur ein Teil der Erlöse vom Staat verbraucht werden sollte, während ein anderer in einem Fonds für die Zukunft angespart wird. Einen hohen Kapitalzufluss hätte Norwegen wirtschaftlich nicht aufnehmen können, weil er nur eine Inflation ausgelöst hätte. Aus diesem Grund betätigt sich der «Petroleumfonds» nur im Ausland. Er wurde 1990 gegründet und 2004 in «Staatlicher Rentenfonds – Ausland» umbenannt. Selten hat ein Land ein unerwartetes «Geschenk» so rational und erfolgreich ausgenutzt.

Im Gegensatz zum Öl ging das Thema europäische Integration alle nordischen Staaten an, jedoch sahen viele Bewohner darin eher ein Problem als eine Lösung. Dies geschah nicht aus prinzipieller Abneigung gegen Europa – die skandinavischen Staaten gehörten zu den Gründungsmitgliedern des Europarates –, aber die Haltung der Bevölkerung zu Europa war und ist bis heute tief gespalten. Europa löst bei vielen Faszination und Unruhe, aber keine Zuneigung aus. Finnland stellt hier eine Ausnahme dar, die sich leicht aus der Nachkriegsgeschichte erklären lässt: 45 Jahre lang war ohne sowjetische Zustimmung kein Schritt in Richtung Europa möglich gewesen, und nun stand die Tür plötzlich offen. Einig waren sich alle Nordeuropäer in dem Wunsch nach einem intensiven wirtschaftlichen Austausch mit Europa. Das Problem entstand regelmäßig dort, wo infolge der Dynamik zuerst des europäischen Binnenmarktes und später auch der politischen Integration Teile der Souveränität an Europa übergingen. Viele fürchteten, damit würden zugleich auch Kultur und Identität veräußert. Das gängige Bild: Die ländlichen Regionen, die weniger Gebildeten und die unteren sozialen Schichten waren eher gegen, die Einkommensstarken, die gut Ausgebildeten und die Bewohner urbaner Zentren eher für Europa. Obwohl dieses Muster in der Tendenz nicht falsch ist und sich zudem im Falle Norwegens auch über eine Generation als stabil erwiesen hat, ist es doch zu undifferenziert, um der Wirklichkeit gerecht zu werden. Bei der Frage ist viel Emotionalität im Spiel, wie das folgende Beispiel illustriert: Es gibt renommierte Wissenschaftler, die in der Öffentlichkeit die Vorteile Europas herausstellen, im kleinen Kreis aber gestehen, sie würden es bei der Abstimmung nicht über das Herz bringen, für Europa zu stimmen. Ähnliches gilt auch für Island. Es sind nicht nur die Interessen der Fischereiwirtschaft, die einen Beitritt zur EU verhinderten, sondern ebenso der ausgeprägte politische, nationale Stolz. Das 2009 unter dem Eindruck der Finanzkrise formulierte Beitrittsgesuch wurde 2015 eingefroren.

Nachdem 1972 die Dänen für und die Norweger gegen einen Beitritt zur Europäischen Wirtschaftsgemeinschaft gestimmt hatten, wurde es viele Jahre still um die Europafrage. Seit der zweiten Hälfte der 1980er Jahre begann eine neue Qualität in der Auseinandersetzung für eine Europäische Union (EU). Ein erster Schritt war die Einheitliche Europäische Akte (1986) zur Errichtung eines gemeinsamen Binnenmarktes. Sofort wurde das alte Muster wieder deutlich: Zustimmung zu ökonomischer, Ablehnung der politischen Integration. Der dänische Premierminister Poul Schlüter erklärte hierzu während der Verhandlungen: «Die Union ist mausetot!» Aber nach dem Zusammenbruch des Sozialismus und seit der deutschen Einheit erhielt die EU nochmals mehr Gewicht. Die EFTA-Mitglieder Island, Finnland, Norwegen und Schweden unterzeichneten mit der EU das Abkommen zum Europäischen Wirtschaftsraum, das ihnen weiterhin den Zutritt zu dem nun einheitlichen Binnenmarkt sicherte. Dafür mussten sie sich verpflichten, auch die zukünftigen wirtschaftlichen und technischen Bestimmungen der EU in nationales Recht zu überführen. Damit galt für Nordeuropa gleichermaßen wie für die EU-Länder, dass 60–80% aller Gesetzesvorhaben aus Brüssel vorgegeben wurden. Dieser Souveränitätstransfer wiegt bis heute umso schwerer, als die beiden Nicht-EU-Mitglieder Island und Norwegen nicht einmal auf die Formulierung der Vorgaben direkt einwirken können. In dieser Lage versuchte die politische Klasse in Norwegen erneut, die Bevölkerungsmehrheit von einem EU-Beitritt zu überzeugen. Nach langen und schwierigen Verhandlungen zur Wahrung der jeweiligen nationalen Interessen – hierbei ging es auch um Kleinigkeiten wie den schwedischen Lutschtabak *snuss*, die aber politisch wichtig waren – stimmten Finnen, Schweden und Norweger ab. Bewusst wählten die Regierungen diese Reihenfolge, weil Finnland als der sicherste, Norwegen als der unsicherste Kandidat galt. Während Finnen und Schweden den Beitritt mit 57% bzw. 53% Zustimmung guthießen, lehnten die Norweger erneut mit 52% ab.

In den folgenden Jahren erwies sich Schweden als ein ebenso schwieriger Integrationspartner wie Dänemark. Beide hielten an ihrer nationalen Währung fest, während Finnland den Euro einführte. Damit war Skandinavien in drei verschiedene Zonen der Integration mit der EU zerfallen. Bestand während des Kalten Krieges eine politische Informationskette, die von Norwegen (und Dänemark) an der Spitze über Schweden nach Finnland reichte, so hat sie sich heute umgekehrt: Die vollständige Information einschließlich der Finanzpolitik der Europäischen Zentralbank ist nur Finnland zugänglich. Danach kommen Dänemark und Schweden, während Norwegen und Island die Schlusslichter bilden. Anfangs hatte das Ungleichgewicht auch Auswirkungen auf die Nordische Passunion, da die EU-Mitglieder in das Schengener Abkommen eingebunden waren. Island und Norwegen waren plötzlich ausgeschlossen. Sie erreichten erst durch Sonderverträge wieder freien Zugang zu ihren Nachbarn; dafür aber jetzt gleichzeitig zur EU. Viele Autoren, die über die norwegische Haltung zur EU publizierten, sind der Ansicht, dass in großen zeitlichen Abständen eine Volksabstimmung nach der anderen folgen wird, bis sich schließlich einmal eine Mehrheit für den EU-Beitritt ergibt. Dagegen spricht, dass Norwegen sich ökonomisch sehr gut außerhalb der EU halten kann. Seine fossilen Energievorkommen sind überdies ein starkes politisches Verhandlungsinstrument. Eher könnte das Land aus anderen Gründen sich in die Arme der EU flüchten. In Erinnerung an fundamentale, unerwartete politische Erschütterungen wie den Zusammenbruch des Sozialismus sollte man sich hüten, langfristige Prognosen abzugeben.

In der Migrationspolitik zeigte sich der Norden vor allem in den 1970er und 1980er Jahren recht offen. Schweden verabschiedete schon 1975 ein Einwanderungsgesetz und betrachtete die Migranten als Einwanderer, nicht als Gäste, die das Land in absehbarer Zeit wieder verlassen würden. Die Vision war eine multiethnische Bevölkerung, die gleichberechtigt und ohne Spannungen untereinander existieren würde. Infolgedessen machte die Regierung erhebliche Anstrengungen zur Integration (Sprachunterricht usw.). Schweden gehört zu den Ländern, die pro Kopf der Bevölkerung in Europa die meisten Einwanderer verzeichnen. 1995 waren ca. 11% der Bevölkerung im Ausland geboren worden. In Finnland waren es ca. 2% und in Island ca. 4% (Deutschland ca. 9%). Dänemark vertrat nach dem Regierungswechsel 2001 im Norden die Gegenposition zur schwedischen. Es hat die Migration erheblich eingeschränkt. Regierungschef Rasmussen erklärte, dass Dänemark kein multikulturelles Land sei und es auch nicht werden wolle. Das Osloer Außenministerium stellte dagegen Norwegen 2006 als «multiethnisches Land» vor. Während also in der Migrationspolitik im Norden keine Einigkeit herrscht, gilt sie für die Flüchtlingspolitik weiterhin. Alle nordischen Staaten gehören zu jenen, die in Europa pro Kopf am meisten Flüchtlinge aufnehmen.

Ein langfristiger Ansatz zur Lösung wirtschaftlicher und sozialer Probleme besteht in Bildungsinvestitionen; alle nordischen Staaten verfolgen seit langem diese Strategie. Anfangs erteilten die weltweiten PISA-Tests Finnland besonders gute Noten für die Schulausbildung und Deutschland besonders schlechte. Was machen die Finnen besser? Die finnischen Schulen sind Gemeinschaftsschulen, in welchen alle Schüler individuell gefördert und gefordert werden. Dies geschieht durch flexible Binnendifferenzierung, d. h., derselbe Schüler kann z. B. in Sprachen auf einem niedrigen Niveau und zugleich in Naturwissenschaften auf einem hohen Niveau lernen. Die entsprechende Anzahl von Lehrern wird zur Verfügung gestellt. Ebenso stehen Sozialpädagogen, Schulpsychologen und andere Kräfte bereit, die das Lernumfeld maßgeblich verbessern können. Die Schulen sind finanziell weitgehend autonom und konkurrieren um Schüler und Mittel. Die Schulsysteme der anderen nordischen Länder weichen vom finnischen Modell ab, sind ihm aber grundsätzlich vergleichbar. Deutschland hat sich inzwischen dem finnischen Modell angenähert; in der Messung von 2012 lagen beide nahe beieinander. Dagegen waren Schweden und Norwegen unter den Durchschnitt gefallen. Alle Regierungen verstehen Bildungsausgaben als Investitionen, sie geben ca. 6,5% des BSP hierfür aus. Dagegen zeigten sich Investitionen in Forschung und Entwicklung als weniger ausschlaggebend. Dänemark und Deutschland lagen in

diesem Bereich in den vergangenen zehn Jahren mit ca. 2,5 %
des BSP ungefähr gleichauf, während Finnland und Schweden
mit 3,5 % erheblich höher lagen, Norwegen mit ca. 2 % aber
niedriger. Trotzdem war das Wachstum in den nordischen Staaten deutlich höher als in Deutschland.

Probleme der Globalisierung

Obwohl die nordischen Staaten keine Außenpolitik betrieben,
um weltweite Politik zu steuern, engagierten sie sich sehr stark
in laufenden Prozessen. Dabei gingen sie häufig auf eine kri-
tische Distanz zu den USA. Diese Kritik ließ sie in der Dritten
Welt als besonders glaubwürdig erscheinen, sodass sie mehrfach
als Mediatoren in Konflikten erwünscht waren. So engagierte
sich z. B. Schweden im Krieg zwischen Iran und Irak, um Frieden zu stiften. Es war auch kein Zufall, dass die Geheimge-
spräche zwischen Israelis und Palästinensern, die 1994 zur Unterzeichnung des Gaza-Jericho-Abkommens führten und ihren
politischen Führern Rabin und Arafat den Friedensnobelpreis
einbrachten, in Norwegen stattfanden. Zum Durchbruch im
notwendigen Minimalvertrauen der verfeindeten Repräsentanten sollen das zutiefst menschliche Verhalten des norwegischen
Außenministers Holst und seiner Familie sowie die ländlich-ab-
geschiedene Lokalität seines privaten Landhauses maßgeblich
beigetragen haben. Von herausragender weltpolitischer Bedeutung war der Helsinki-Prozess, die KSZE (Konferenz für Sicherheit und Zusammenarbeit in Europa). Auch hier war die Wahl
des Ortes kein Zufall, in Helsinki setzten der Westen wie auch
der Ostblock Vertrauen.

Der Zusammenbruch der sozialistischen Ordnung Osteuro-
pas hat sich im Norden erheblich, in Finnland geradezu dra-
matisch ausgewirkt. Finnland hatte einen großen Teil seiner
Rohwaren und den größten Teil seines Ölbedarfs aus der Sowjetunion gedeckt und im gleichen Umfang dorthin vor allem Fertigwaren exportiert. Geradezu über Nacht brach der Absatz
zusammen und stürzte auch Finnland in eine schwere Rezes-
sion. Die Arbeitslosigkeit stieg auf ca. 15 % und lag damit im

Durchschnitt höher als in der Weltwirtschaftskrise der 1930er Jahre. Bevölkerung und Politiker wurden sich schnell einig, dass man nur durch tiefgreifende Strukturveränderungen und einen Teilabbau der sozialen Leistungen den Einbruch überwinden könnte. Die Erfolgsgeschichte Finnlands zu Beginn des 21. Jh.s ist also nicht allein auf den Faktor Nokia zurückzuführen.

Mit dem Zusammenbruch der Sowjetunion wurden auch die drei baltischen Staaten Estland, Lettland und Litauen wieder frei und selbständig, während der sowjetische Teil Ostpreußens als Exklave bei Russland blieb. Im Westen bestand Einigkeit darüber, dass ein deutsches Engagement im Baltikum von Russland als Provokation aufgefasst würde und möglicherweise die Bewegungsfreiheit der baltischen Länder beeinträchtigt hätte. Der Norden bekam infolgedessen weitgehend freie Hand, sich speziell um diese Staaten zu kümmern. Hier gab es traditionelle Beziehungen insbesondere von Finnland zu Estland und von Schweden zu Lettland. Alle nordischen Staaten engagierten sich mit politischer Unterstützung, Austauschprogrammen, verwaltungstechnischer Hilfe usw., wobei die Wirtschaft nicht an letzter Stelle stand.

Die finnischen und norwegischen Beziehungen zu Russland sind inzwischen entspannt. Es gibt sogar einen umfangreichen Personenaustausch, der nicht nur die Grenzprovinzen betrifft. Allerdings gibt es zwischen den nordischen Staaten und Russland auch ein erhebliches Spannungspotenzial, das mit dem seit 2014 aggressiven Auftreten des Landes an den NATO-Grenzen zusammenhängt. Norwegen betrachtet deshalb jegliche Auflösungstendenzen in der NATO mit Sorge, zumal es mangels Mitgliedschaft nicht auf eine uneigennützige Schützenhilfe der EU hoffen kann.

Mit dem Untergang der Sowjetunion gingen gleichzeitig die anerkannten Koordinaten des «gut» (wir) und «böse» (die Anderen) zu Grunde. Es gelang dem Norden nicht, eine abgestimmte Außenpolitik zu erarbeiten. Im Zweiten Golfkrieg fanden sich zwei Länder im Lager des «alten» und zwei in dem des «neuen» Europa wieder: Dänemark und Norwegen traten für den angelsächsischen Irakkrieg ein, während Finnland und

Schweden davor warnten. In einem Punkt sind sich jedoch alle Staaten weiterhin einig: in ihrem substanziellen Engagement für die Entwicklungspolitik. Alle nordischen Länder zählen traditionell, pro Kopf gerechnet, zur Spitzengruppe der Geberländer.

Auch für den Norden ist die Globalisierung z. Zt. die größte Herausforderung. Der Bevölkerung ist bewusst, dass kleine, hochentwickelte Staaten ihre Grenzen nicht schließen können. Infolgedessen müssen Anpassungen auf allen Ebenen gemeistert werden. Einen ersten Vorgeschmack stellte 1967 «Dagen H» («Tag H», *höger* = rechts) dar, die Umstellung von Links- auf Rechtsverkehr in Schweden. Seit den 1980er Jahren geht es nicht mehr allein um Anpassungen an europäische Strukturen; die Globalisierung nahm, wie in den 1950er und 1960er Jahren, die Form der Amerikanisierung an, weil die USA sich in vielen wichtigen Dingen wie Wirtschaft, internationaler Politik, finanzieller Stärke, Militärmacht, Diplomatie usw. als Zentrum durchsetzen konnten. Der Antrieb zur Globalisierung ging von der Wirtschaft aus. Weil augenscheinlich so erfolgreich, setzten amerikanische Ideen die Maßstäbe auch für Europa. Die nordischen Staaten reagierten auf solche Lösungen früher und schneller als die meisten anderen europäischen Länder, sodass sie in vielen Dingen wie Deregulierung und Privatisierung auf dem europäischen Kontinent zu Vorreitern wurden. Diese Anpassungsfähigkeit ist einerseits auf die genannte prinzipielle Verwundbarkeit kleiner Volkswirtschaften zurückzuführen. Sie hängt gleichzeitig mit den vielen privaten Kontakten zu den USA zusammen. Ebenso spielt im Norden wirtschaftlich orientiertes Verhalten traditionell eine größere Rolle als z. B. in Frankreich. Schließlich kamen bei allen fünf Ländern Sondereinflüsse zum Tragen, welche die amerikanische Globalisierung verstärkten: Schweden und Island hatten in den 1990er Jahren mit einer schwierigen Konjunktur zu kämpfen. Dänemark war seit jeher wirtschaftsliberal eingestellt. Finnland war infolge des ökonomischen Schocks, den der Zusammenbruch der UdSSR ausgelöst hatte, bereit, tatsächlich alles auf den Prüfstand zu stellen. Norwegen sah sich ebenfalls großen Herausforderun-

gen gegenüber. Die Ölwirtschaft konnte nur von den USA lernen, und eine Finanzkrise hatte gezeigt, dass das herkömmliche
gelenkte Wirtschaftssystem nicht mehr aufrecht zu erhalten war.
Es gab also gute Gründe zur Veränderung. Ein Kennzeichen der
Globalisierung waren die umfangreichen Deregulierungen und
Privatisierungen, ein weiteres die Konsolidierung einzelner Unternehmen zu wirklich großen Firmen. 2005 zählten die folgenden Firmen zu den nach Umsatz 100 größten in Europa: Statoil
(Rang 19), Nokia (34), die dänische Reederei Møller-Mærsk
(40), der LKW-Hersteller Volvo (47), Norsk Hydro (60),
Mobilfunkausrüster Ericsson (81) und Electrolux (97). Sollte
Statoil 2007 wie angekündigt Hydros Ölsparte übernehmen,
würde das Unternehmen wohl zu den zehn größten in Europa
aufrücken.

Zu Beginn des 21. Jh.s zeigen sich die nordischen Länder gegenüber den Herausforderungen der Globalisierung relativ gut
gerüstet. Sie setzen auf Bildung als den einzigen Faktor, bei dem
Billiglohnländer nicht mithalten können. Veraltete Industrien
werden dagegen nicht künstlich am Leben gehalten. Die Wett-
bewerbsfähigkeit der Wirtschaft und die ausgeglichenen Haushalte zeigen, dass die Globalisierung durchaus zu meistern ist,
ohne auf die angelsächsischen Vorstellungen einer niedrigen
Staatsquote und nur Mindeststandards im sozialen Bereich zu-
rückzufallen. Das Nordische Modell hat auch in einer immer
stärker globalisierten Welt Zukunft.

Literatur

(Nur deutsch- und englischsprachige Literatur)

Andersson, Jenny, Images of Sweden and the Nordic Countries, Oslo, Taylor & Francis, 2008

Åberg, Alf, Schwedens Geschichte im Taschenformat, Stockholm, LTS-Verlag, 1989

Bagge, Sverre, Cross & Scepter. The Rise of the Scandinavian Kingdoms from the Vikings to the Reformation, Princeton, NJ, Princeton University Press, 2014

Bohn, Ingrid, Finnland. Von den Anfängen bis zur Gegenwart, Regensburg, Friedrich Pustet, 2005

Bohn, Robert, Dänische Geschichte, München, C.H.Beck, ²2009

Brandt, Willy, Norwegens Freiheitskampf 1940–1945, Hamburg, Auerdruck, 1948

Clements, Jonathan, A Brief History of the Vikings. The Last Pagans or the First Modern Europeans? London, Robinson, 2002

Danielsen, Rolf et al., Norway. A History from the Vikings to our own Time, Oslo, Universitetsforlaget, 1995

Espeli, Harald, Special, Wars, States and Economic Change in the Scandinavian Countries. 1600–2000, London, Routledge, 2013

Findeisen, Jörg-Peter, Dänemark: von den Anfängen bis zur Gegenwart, Regensburg, Friedrich Pustet, 1999

Findeisen, Jörg-Peter, Schweden: von den Anfängen bis zur Gegenwart, Regensburg, Friedrich Pustet, 1997

Frandsen, Steen Bo: Dänemark – der kleine Nachbar im Norden. Aspekte der deutsch-dänischen Beziehungen im 19. und 20. Jahrhundert. Darmstadt, Wissenschaftliche Buchgesellschaft, 1994

Heinzelmann, Eva (Hg.), Der dänische Gesamtstaat – ein unterschätztes Weltreich? Kiel, Ludwig, 2006

Helle, Knut, Jansson, Torkel, E.I.Kouri (Hg.) The Cambridge History of Scandinavia, Band 1, Cambridge, Cambridge University Press, 2003

Henningsen, Bernd, Der Wohlfahrtsstaat Schweden, Baden-Baden, Nomos, 1986

Hilson, Mary, The Nordic Model. Scandinavia since 1945, London, Reaktion Books, 2013

Hubbard, William et al. (Hg.), Making a Historical Culture. Historiography in Norway, Oslo, Scandinavian University Press, 1995

Jussila, Osmo, Politische Geschichte Finnlands seit 1809. Vom Großfürstentum zur Europäischen Union, Berlin, Berliner Wissenschaftsverlag, 1999

Kaufhold, Martin, Europas Norden im Mittelalter. Die Integration Skandinaviens in das christliche Europa, Darmstadt, Primus, 2001

Koivisto, Mauno, Geographie und Geschichte. Finnische Sicherheitspolitik, Düsseldorf, ECON-Verlag, 1992

Kranz, Olle, Schweden, Norwegen, Dänemark, Finnland 1914–1970, in: Fischer, Wolfram (Hg.), Handbuch der europäischen Wirtschafts- und Sozialgeschichte, Bd. 6, S. 222–292, Stuttgart, Ernst Klett, 1980

Libæk, Ivar, Die Geschichte Norwegens von der Eiszeit bis zum Erdölzeitalter, Oslo, Grøndahl & Dreyers, 1992

Menningen, Walter (Hg.), Ungleichheit im Wohlfahrtsstaat. Der Alva-Myrdal-Report der schwedischen Sozialdemokraten, Reinbek, Rowohlt, 1971

Ojala, Jari/Eloranta, Jari/Jalava, Jukka, The Road to Prosperity. An Economic History of Finland, Helsinki, Suomalaisen Kirjallisuuden Seura, 2006

Pagell, Saskia, Souveränität oder Integration? Die Europapolitik Dänemarks und Norwegens von 1945 bis 1995, Frankfurt am Main, Lang, 2000

Petrick, Fritz, Norwegen. Von den Anfängen bis zur Gegenwart, Regensburg, Friedrich Pustet, 2002

Schoolfield, George C. (Hg.) A history of Scandinavian literature, 4 Bände, Lincoln, NE, University of Nebraska Press, 1998

Schouenborg, Laust, The Scandinavian International Society. Primary Institutions and Binding Forces, 1815–2010, New York, NY, Routledge, 2013

Simek, Rudolf, Die Wikinger, München, C.H.Beck, 5 2009

Sigurdsson, Jón Viðar: Friendship and Social Networks in Scandinavia, c. 1000–1800, Turnhout, Brepols, 2013

Stenersen, Öivind, Die Geschichte Norwegens von der Eiszeit bis heute, Lysaker, Dinamo, 2003

Tuchtenhagen, Ralph, Geschichte der baltischen Länder, München, C.H.Beck, 2 2008

Personenregister

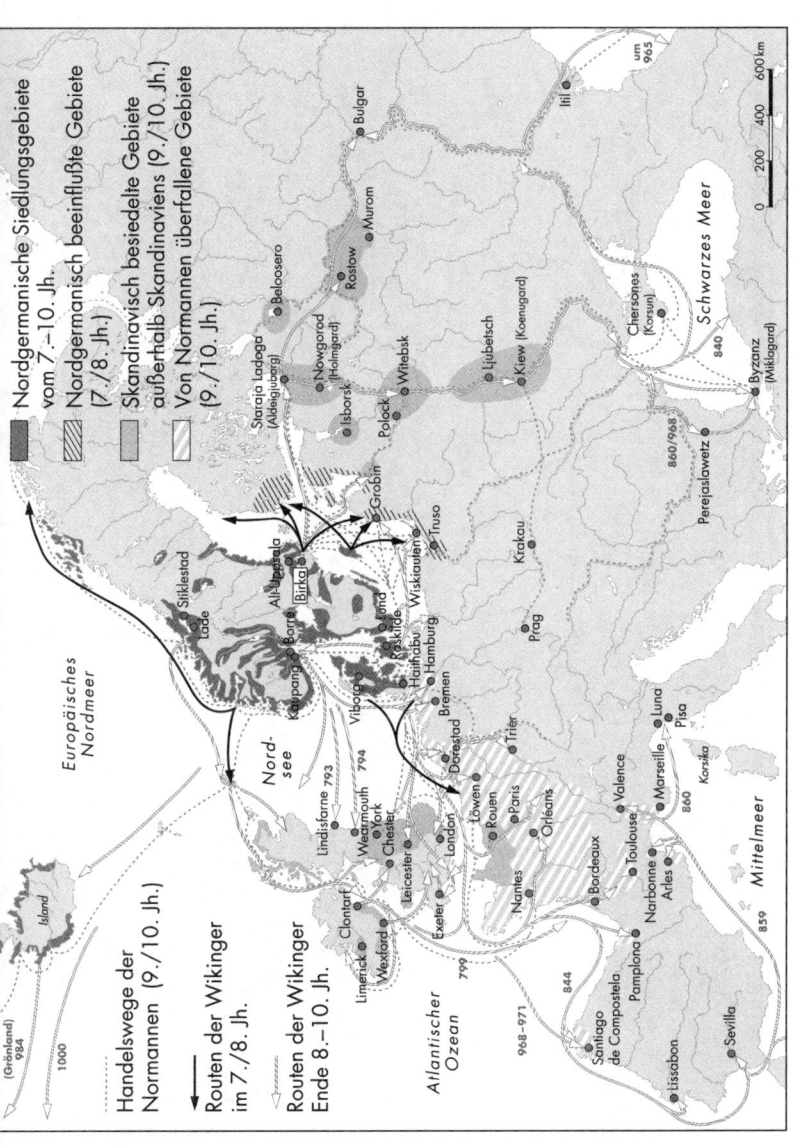

Legende:

Nordgermanische Siedlungsgebiete vom 7.–10. Jh.

Nordgermanisch beeinflußte Gebiete (7./8. Jh.)

Skandinavisch besiedelte Gebiete außerhalb Skandinaviens (9./10. Jh.)

Von Normannen überfallene Gebiete (9./10. Jh.)

Handelswege der Normannen (9./10. Jh.)

Routen der Wikinger im 7./8. Jh.

Routen der Wikinger Ende 8.–10. Jh.

Die Normannen: Handels-, Kriegs- und Siedlungsgebiete

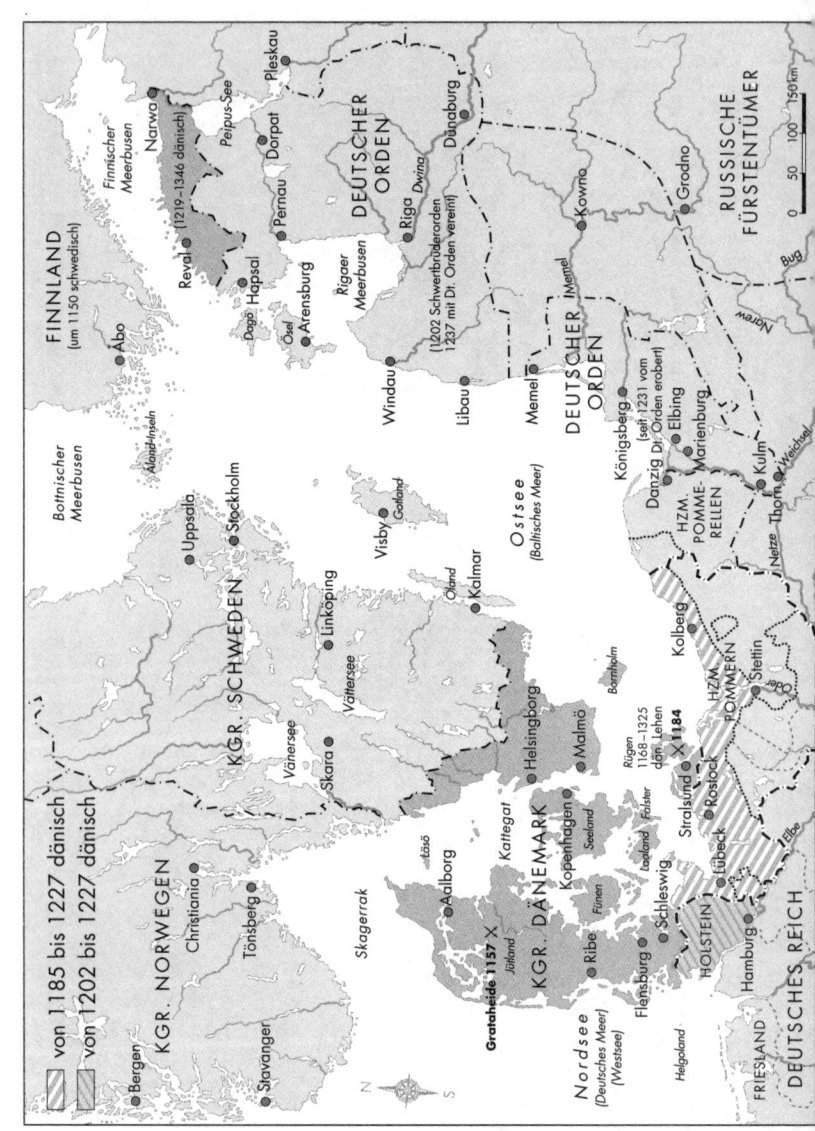

Dänemarks Machtausdehnung im Hochmittelalter